教科書の公式ガイドブック

教科書ガイド

学習の友

開隆堂 版
サンシャイン
完全準拠
中学英語
3年

JN126187

開隆堂

目次

本書の使い方

① 教科書の Scenes です。英文とその日本語訳をのせています。また、英文には読みがなをつけています。強く発音する部分は太字で、弱く発音する部分は小さく示しています。つなげて読む音にも注意しましょう。

② 文法のポイントを理解するために、ふきだしや矢印などで解説しています。

③ 教科書の Listen です。解答、Listen で読まれる英文と日本語訳がのせてあります。QR コードから音声を聞きながら取り組みましょう。

④ 教科書の Speak & Write です。例文の訳、解答（例）とその訳がのせてあります。

⑤ 「単語・語句」には読みがながついています。同じ単語でも意味が違う場合は、※印をつけて示しています。（※印の単語の音声はありません。）品詞は次の略記号で示してあります。

名 名詞	代 代名詞	動 動詞
助 助動詞	冠 冠詞	形 形容詞
副 副詞	前 前置詞	接 接続詞
間 間投詞		

⑥ 教科書の Try です。表現例とその訳がのせてあります。

※ QR のあるところは、QR コードを読みとりアクセスすると、音声などを聞くことができます。QR コードを活用して、実際の英語を聞きながら何度も発音し、正しい発音を身につけましょう。

4

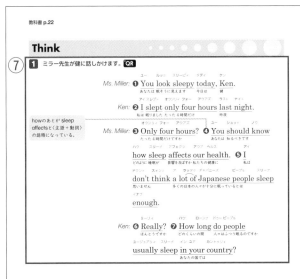

⑦教科書の Think の本文です。英文には読みがなをつけています。太字は強く発音する部分を示しています。つなげて読む音にも注意しましょう。また、語や語句の単位で下線をつけ、部分訳を示しています。❶❷の番号は「本文の意味」と対応しているので、対照しやすくなっています。引き出し解説では本文の理解をより深めるための解説がのせてあります。

⑧「本文の意味」には本文の訳の一例をのせています。❶❷の番号は本文と対応しています。

⑨教科書のQとそれに対する答えのAです。日本語訳ものせています。

※本文などには読み方がわかりやすいように読みがながつけてありますが、英語の正確な発音ではありません。参考程度にして、正しい読み方は QR コードから音声を聞いて身につけましょう。

本書の使い方

Retell
本文の内容を伝える際の表現例とその訳がのせてあります。

Interact
例文とその訳，表現例とその訳を示しています。

英語のしくみ
例文とその訳がのせてあります。また，Challenge! は，文法事項を確認するための問題です。理解できたかどうか確認しましょう。

赤フィルター
本書には赤フィルターがついています。英文の読みがなや「単語・語句」の意味の一部，解答(例)の一部などが赤い文字になっています。フィルターをあてると文字がかくれますから，復習するときやテスト前の確認などに使いましょう。

単語・語句 **QR**

□ Massachusetts [マサ**チュー**セッツ] 图 マサチューセッツ(アメリカの州)

□ create(d) [クリ**エ**イト(クリ**エ**イティド)] 動 作り出す，生み出す

□ indoor [**イ**ンドー] 形 屋内の，室内の

□ outdoor [**ア**ウトドー] 形 戸外の，野外の

□ drew [ドゥ**ルー**] 動 draw(描く)の過去形

□ report [リ**ポー**ト] 图 報告(書)，レポート

Try ② 表現例

I call my brother Sho-chan because his name is Shoji.

名前が祥二なので，私は兄[弟]を祥ちゃんと呼びます。

その他のおもなページ
Reading
PROGRAM の本文と同じように，読みがな，下線と部分訳，引き出し解説，本文の意味をのせています。また，Check や Guess の解答(例)ものせています。

Our Project, Special Project
英文とその訳，解答(例)などがのせてあります。

Steps

英文とその訳，解答(例)，表現例などがのせてあります。

Power-Up

教科書の英文や Listening で読まれる英文とその訳，解答(例)，表現例などがのせてあります。
QR コードがある英文は，音声を聞きながら取り組みましょう。

Word Web

単語の意味と読みがな，「やってみよう」の例文とその訳，表現例などがのせてあります。

Further Reading

英文と本文の意味をのせています。また，教科書の Q とその訳，それに対する答えの A とその訳ものせています。

巻末資料

巻末資料 1 は 1 ～ 3 年生までで習った Scenes の英文とその訳をまとめてあります。
巻末資料 3，8，9 は学習していない単語を含めて，すべてに読みがなをつけています。

辞書を使いこなそう

次の英文の下線部はどんな意味か，英和辞典で調べましょう。

Yuri will get over her illness soon.

由里は病気からもうすぐ回復するでしょう。

---

get   **get**

❽ (get to *do* で) ~することになる; (get ~*ing* で) ~し始める
How did you *get to* know Beth? どのようにしてベスと知り合ったの.
The train *got* mov*ing*. 列車は動き始めました.

❾ (get + 名詞 + 形容詞・過去分詞で) (…を)~にする; (get + 名詞 + to *do* で) (…に)~させる
Tom *got* his feet warm. トムは足を暖めた.
I'll *get* Jim to carry your baggage. ジムにあなたの荷物を運ばせましょう.

get across ~を渡す, 伝える
I couldn't *get* my meaning *across* in English.
ぼくの英語は通じなかった. (←意味を英語で伝えられなかった)

get along (withをともなって) (人)と仲がよい, (物事が)うまくいく
How are you *getting along* with your studies? 勉強ははかどっていますか.

get away 離れる, 逃げる
I caught a big fish, but it *got away*. 大きい魚を釣ったが, 逃げてしまった.

get back 戻る
When did you *get back* from London? ロンドンからいつ戻ったの.

get down 降りる, ~を降ろす
Tama *got down* from the tree. タマは木から降りた.

get in ~に入る, (自動車・タクシー)に乗り込む ▶類語 get on
Get in the taxi, please. タクシーにお乗りください.

get into ①~に入る ②~にはまる, ~に慣れる
get into the Internet インターネットにはまる

get off (電車・バス・飛行機・船・自転車・ウマなどから) **降りる**
Who will *get off* at the next stop? 次の停留所で降りるのはどなたですか.

get on (電車・バス・飛行機・船・自転車・ウマなど) **に乗る**
Here's your bus; *get on*. これが君たちのバスだ, 乗りなさい.

get out 外へ出る; 取り出す

get out of (自動車・タクシー)から出る, 降りる
An old man *got out of* the car. 1人の老人が自動車から降りて来た.

get over ~を乗り越える; ~から回復する
Yuri will *get over* her illness soon. 由里は病気からもうすぐ回復するでしょう.

get through ~を通り抜ける; ~をうまく終える, 完了する
How did you *get through* such a difficult test?
どのようにして君はあんな難しいテストに合格したの. (←テストを通り抜ける)

get to ~を始める, ~に取りかかる
Let's *get to* work. 仕事に取りかかろう.

get together 集まる, ~を集める
My whole family *gets together* on New Year's Day.
私の家族はお正月に集まります.

get up 起きる, 立ち上がる
What time do you usually *get up*? ふだん何時に起きますか.

have got 《話》= have ❖手に入れてしまった状態.
I've *got* three kids. 私は3人の子どもを持った.

have got to 《話》(= have to ~しなければならない)
I've *got to* write a letter now.
今手紙を書かねばならない.

get のコア
自分のものにする

2つ以上の単語が集まって，個々の語の意味を合わせたものとは別の意味を表すものを，熟語または成句と言います。このうち get up や get to のように〈動詞＋副詞［前置詞］〉によってできているものは一般に句動詞と呼ばれ，英和辞典では動詞の個々の意味や例文のあとにまとめて示されています。その配列は動詞のあとの副詞［前置詞］のアルファベット順にしたがっています。

左の例では，get across から始まる句動詞が並んでいて，get over は get out of のあとに載っています。そこには「～を乗り越える；～から回復する」と2つの意味が出ていますが，上の英文に合う意味は「～から回復する」なので，全体で「由里は病気からもうすぐ回復するでしょう。」となります。

●やってみよう

1. 次の英文の下線部の意味を調べましょう。
   (1) My whole family gets together on New Year's Day. 集まる
   (2) Kyoko got on the bus. ～に乗った
   (3) I caught a big fish, but it got away. 逃げた

   ■■ 英文の訳 ■■
   (1) 私の家族全員が元日に集まります。
   (2) 京子はバスに乗りました。
   (3) 私は大きな魚をつかまえましたが，それは逃げました。

2. 次の句動詞の意味を辞書で調べ，例文を読みましょう。
   (1) turn on ～をつける
   (2) come back もどってくる
   (3) go on 続く，起こる
   (4) take off ～をぬぐ，離陸する

MEMO

PROGRAM 1

Bentos Are Interesting!

Scenes

1 だれかに何かをするように，頼んだり言ったりするときの言い方ができるようになろう。 **QR**

ドゥー ウィー ハヴ　イングリッシュ ホウムワーク　タデイ
Do we have English homework today?

イェス　ミスタァ オカ　トウルド アストゥー ライト　ア スピーチ
Yes. Mr. Oka **told** *us* **to write** a speech.

ベン　　プリーズ　　ヘルプ ミー
Ben! Please help me!

オウケイ レッツ　ドゥー イットタゲザァ
OK. Let's do it together.

Scenes の意味

A: 今日は英語の宿題がありますか。
B: はい。岡先生がスピーチを書くように言っていました。

A: ベン。手伝ってください。
B: わかりました。いっしょにやりましょう。

「〜に…するように言った」 と言うときは…

> **toldのあとに〈人＋to＋動詞の原形〉を続けるよ。**

Mr. Oka 〔**told**〕 *us* 〔**to write**〕 a speech.
「言った」「私たちに」「スピーチを書くように」

> **to以下のことをする「人」を表すよ。**
> **代名詞のときは「〜を［に］」の形だよ。**

ポイント！

形	〈tell 〜 to＋動詞の原形〉
意味	「〜に…するように言う」

〚この形になるtell以外の動詞！〛

Could you **ask** *him* **to call** me back?　彼に私に折り返し電話するように頼んでいただけませんか。

⮤ 「～に…するように頼む」という意味だよ。

I **want** *you* **to eat** this chocolate.　私はあなたにこのチョコレートを食べてほしいと思っています。

⮤ 「～に…してほしいと思う」という意味だよ。

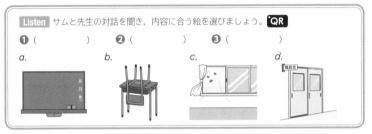

Listen　サムと先生の対話を聞き，内容に合う絵を選びましょう。QR

❶ (　　　　)　❷ (　　　　)　❸ (　　　　)

a.　b.　c.　d.

(解答)
❶ c
❷ d
❸ b

対話文　QR

❶ Teacher: You look so cold. Are you OK?　あなたはとても寒そうに見えます。大丈夫ですか。

　Sam: Thank you. Can I ask you to close the window?

　　　ありがとうございます。先生に窓を閉めるのを頼んでもいいですか。

❷ Teacher: Where is Kumi?　久美はどこにいますか。

　Sam: She is in the schoolyard.　彼女は校庭にいます。

　Teacher: Can you tell her to come to the teachers' room later?

　　　彼女にあとで職員室に来るように言ってもらえますか。

❸ Sam: Can I help you?　お手伝いしましょうか。

　Teacher: Yes. I want you to move the desk and chair.

　　　はい。あなたに机といすを動かしてほしいと思っています。

Speak & Write　手伝ってもらいたいことを友だちに頼みましょう。

(例) A: Can I ask you to carry my suitcase?

　B: Sure. / Sorry, I can't.

例文の訳

A: あなたに私のスーツケースを運ぶのを頼んでもいいですか。

B: もちろんです。／ すみませんが，できません。

(解答例)

・A: Can I ask you to walk the dog?　あなたにイヌを散歩させるのを頼んでもいいですか。

　B: Sure. / Sorry, I can't.　もちろんです。／すみませんが，できません。

・A: Can I ask you to water the flowers?　あなたに花に水をあげるのを頼んでもいいですか。

　B: Sure. / Sorry, I can't.　もちろんです。／すみませんが，できません。

・A: Can I ask you to clean my room?　あなたに私の部屋を掃除するのを頼んでもいいですか。

　B: Sure. / Sorry, I can't.　もちろんです。／すみませんが，できません。

(単語・語句，Tryはp.25へ)

2 だれかが何かをすることが「難しい」などと言えるようになろう。 'QR'

Scenes の意味

A: どうしたら日本語が覚えられますか。
B: 日本語の本を読むべきです。

A: 私には漢字を読むのが難しいのです。
B: 心配いりません。私が役に立つ本をあげましょう。

「(人)が…するのは難しい」 と言うときは…

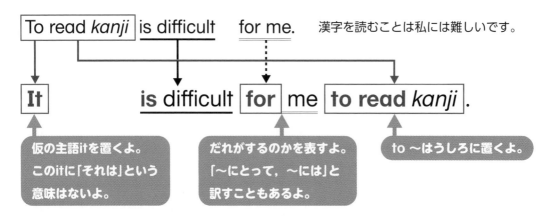

ポイント！

形	〈It is ～ (for＋人) to ....〉
意味	「((人)が)…するのは～である」

『forのあとの代名詞の形に注意！』

It is easy for **him** to drive a car.　車を運転するのは彼にはたやすいです。

「～を[に]」の形だよ。

【〈for+人〉がない場合もある！】

To get up early is difficult.

to ～はうしろに置くよ。

It is difficult to get up early. 早起きすることは難しいです。
仮の主語

Listen 純たちの対話を聞き，内容に合う語と絵を選びましょう。 QR

❶ (/   ) ❷ (/   ) ❸ (/   )

ア. easy   イ. difficult   ウ. fun

a.   b.   c.   d.

（解答）
❶ ウ / a
❷ ア / d
❸ イ / b

対話文 QR

❶ *Girl:* Do you like sports, Jun?　あなたはスポーツが好きですか，純。

Jun: Yes. It's fun for me to play basketball.　はい。私にとってバスケットボールをするのは楽しいです。

❷ *Girl:* Jun, can you play any musical instruments?　純，あなたは何か楽器をひくことができますか。

Jun: Yes, it's easy for me to play the recorder.　はい，私にとってリコーダーを吹くのはたやすいです。

❸ *Jun:* I like swimming very much. How about you?

私は泳ぐことがとても好きです。あなたはどうですか。

Girl: I don't like it. It's difficult for me to swim.

私はそれが好きではありません。私にとって泳ぐのは難しいです。

Speak & Write 自分の好きなことについて表現しましょう。

（例）It is ₁fun for me to ₂listen to music.

例文の訳

私にとって音楽を聞くのは楽しいです。

（解答例）

・It is ₁important for me to ₂study English.　私にとって₂英語を勉強するのは₁大切です。

・It is ₁exciting for me to ₂run a marathon.　私にとって₂マラソンを走るのは₁わくわくします。

単語・語句 QR

□ musical instrument(s) ［ミュージカル イン　□ marathon ［マラサン］图 マラソン

ストゥラマント(インストゥラマンツ)］图 楽

器

13

3 「〜が心配だ」などと言えるようになろう。 `QR`

Scenes の意味

A: もしもし，ベン。次の日曜日にいっしょに何かしませんか。 B: いいですね。ピクニックはどうですか。	A: 雨が降らないか心配です。 B: それでは映画を見に行きましょうか。

「〜ということが心配だ」 と言うときは…

I **am** **afraid** **that** it will rain.
be動詞　形容詞

afraidのあとに具体的な内容を表す〈that＋主語＋動詞〜〉を続けるよ。thatは省略できるよ。

ポイント！

形	〈主語＋be動詞＋形容詞＋that 〜.〉
意味	「(主語)は〜ということを…する」 「(主語)は〜なので…だ／〜して…だ」

『that以下が原因・理由を表す！』

I'm **glad** (**that**) you like this present.　あなたがこのプレゼントを気に入ってくれてうれしいです。

that以下はgladやsurprisedの原因や理由を表すよ。

We **are surprised** (**that**) Koji won first prize at the contest.
私たちは浩二がコンクールで優勝したので驚いています。

Listen 体育大会が近い久美たちの対話を聞き，内容に合うものを選びましょう。 **QR**

❶ 久美は練習で校庭が使えることを（ 悲しんでいる / 喜んでいる ）。

❷ 久美は雨が降ってきたことを（ 残念に思っている / 喜んでいる ）。

❸ 久美はリレーに出る友だちのチームが（ 負けると思っている / 勝つと思っている ）。

解答

❶ 喜んでいる

❷ 残念に思っている

❸ 勝つと思っている

対話文 **QR**

❶ *Boy:* Kumi, we can use the schoolyard for two hours.

久美，私たちは2時間，校庭を使うことができます。

Kumi: Great! I'm glad that we can practice a lot.

すごいですね！　私は私たちがたくさん練習することができてうれしいです。

❷ *Boy:* Listen, Kumi! It has started to rain hard now.

聞いてください，久美！　今，雨がはげしく降り始めました。

Kumi: Really? I'm afraid that we can't practice today.

ほんとうですか。私は私たちが今日，練習することができないのではないかと心配です。

❸ *Boy:* Listen, Kumi! I'm on the relay team. I was chosen as a relay runner.

聞いてください，久美！　私はリレーのチームに入っています。私はリレーの走者に選ばれました。

Kumi: That's wonderful. I'm sure that your team will win.

それはすばらしいです。きっとあなたのチームが勝つでしょう。

Speak & Write 友だちがしてくれたことでうれしかったことを表現しましょう。

(例) I'm glad that you lent me your stapler.

例文の訳

あなたが私にあなたのホッチキスを貸してくれてうれしいです。

解答例

・I'm glad that you passed the test.　私はあなたが試験に合格してうれしいです。

・I'm glad that you came to my piano concert.

私はあなたが私のピアノコンサートに来てくれてうれしいです。

単語・語句 **QR**

□ picnic ［ピクニック］名 ピクニック

□ relay ［リーレイ］名 リレー（競走）

□ chosen ［チョウズン］動 choose（選ぶ）の過去分詞形

□ lent ［レント］動 lend（貸す）の過去形《過去分詞形も同形》

□ stapler ［ステイプラァ］名 ホッチキス

15

Think

1 真央はいとこのビルと 2 人でお花見に来ています。 `QR`

Bill: ❶ Cherry blossoms are so beautiful.
チェリィ　　　ブラッサムズ　　　アー　　ソウ ビュータフル
桜の花が　　　　　　　　　　　　とても美しいです

Mao: ❷ Yes. ❸ Oh, it's almost noon. ❹ Let's eat
イェス　　　オウ　イッツ オールモスト ヌーン　　　レッツ　イート
はい　　　　まあ　もう少しで正午です　　　食べましょう

lunch.
ランチ
昼食を

「(ずっと)〜し続けている」という意味を表す〈have been + 動詞の-ing形〉の文。
that wordは❹のLet's eat lunch.「昼食を食べましょう」をさしている。

Bill: ❺ I've been waiting for that word.
アイヴ　ビン　　ウェイティング　フォー ザット　ワード
私はそのことばをずっと待っていました

Mao: ❻ Here is your *bento*.
ヒア　　イズ ユア　　ベントウ
これがあなたのお弁当です

Bill: ❼ Thanks. ❽ Did you make it?
サンクス　　　ディヂュー　メイク　イット
ありがとう　　あなたが作ったのですか　それを

〈ask 〜 to + 動詞の原形〉の形。to以下のことをするのはmy mother「私の母」。

Mao: ❾ No. ❿ I asked my mother to make *bentos*
ノウ　　アイ アスクト　マイ　マザァ　　トゥー メイク　ベントウズ
いいえ　私は 頼みました 私の母に　作ってくれるように お弁当を

for us.
フォー アス
私たちのために

本文の意味

ビル：❶桜の花がとてもきれいだね。

真央：❷そうね。❸あら，もう少しで正午だわ。❹昼食を食べましょう。

ビル：❺そのことばをずっと待っていたよ。

真央：❻これがあなたのお弁当よ。

ビル：❼ありがとう。❽きみがそれを作ったの？

真央：❾いいえ。❿母に私たちのためにお弁当を作ってくれるように頼んだのよ。

ビル：⓫うわー！　⓬とてもかわいくてカラフルだね！

真央：⓭これはキャラ弁，つまりキャラクターのお弁当よ。⓮日本で人気があるのよ。⓯気に入った？

ビル：⓰うん，とても。⓱ぼくはニンジンが好きじゃないけど，こうすれば食べられるよ。

Bill: ❶❶ Wow! ❶❷ It's so cute and colorful!
ワウ　イッツ　ソウ　キュート　アンド　カラフル
うわー　それはとてもかわいくてカラフルです

真央のおかあさんが作ってくれたお弁当をさしている。

Mao: ❶❸ This is a *kyara-ben*, or a character *bento*.
ズィスィザ　キャラベン　オア　ア　キャリクタァ　ベントウ
これは　キャラ弁です　つまり　キャラクターのお弁当

a *kyara-ben* を or のあとで言いかえている。

❶❹ It's popular in Japan. ❶❺ Do you like it?
イッツ　パピュラァ　イン　チャパン　ドゥー　ユー　ライク　イット
それは人気があります　日本で　あなたは好きですか　それを

Bill: ❶❻ Yes, very much. ❶❼ I don't like carrots, but I
イェス　ヴェリィ　マッチ　アイドウント　ライク　キャラッツ　バット　アイ
はい　とても　私は好きではありません　ニンジンが　しかし　私は

can eat them in this way.
キャン　イート　ゼム　イン　ズィス　ウェイ
食べること　それらを　このようにして
ができます

「ニンジンをキャラ弁の素材として使う」ことをさしている。

Q ① Why did Bill say, "I've been waiting for that word"?
なぜビルは「ぼくはそのことばをずっと待っていたよ」と言ったのですか。

② Who made the *bentos* for Bill and Mao?
ビルと真央にお弁当を作ったのはだれですか。

A (解答例) ❶ Because he was hungry.
彼はおなかがすいていたからです。

❷ Mao's mother did.
真央のおかあさんです。

単語・語句 **QR**

□ blossom(s) [ブラッサム(ズ)] 图 (おもに果樹の)花

□ noon [ヌーン] 图 正午

□ colorful [カラフル] 形 色彩に富んだ，カラフルな

□ *wait for* ～　～を待つ

□ *Here is* ～.　これが～です。[ここに～があります。]

□ *in this way*　このようにして

2 真央はさらに日本の弁当文化についてビルに話します。 **QR**

〈Have＋主語＋過去分詞〜?〉の文。今までに聞いたことがあるかどうかをたずねている。

❷のekiben「駅弁」をさしている。

❼のekibens「駅弁」をさしている。

〈have＋過去分詞〉の形で，今までに聞いたことがあることを表している。

Mao: **❶** *Bentos* are not only home-made.
ベントウズ　アー　ナット　オウンリィ　ホウムメイド
お弁当は　　自家製のものだけではありません

❷ Have you heard of an *ekiben*?
ハヴ　ユー　ハード　アヴ　アン　エキベン
あなたは駅弁のことを聞いたことがありますか

Bill: **❸** No. **❹** What is it?
ノウ　(フ)ワット　イズ　イット
いいえ　　それは何ですか

Mao: **❺** It's a *bento* available at train stations.
イッツァ　ベントウ　アヴェイラブル　アットゥレイン　スティションズ
それはお弁当です　入手できる　　電車の駅で

Bill: **❻** I see. **❼** What's special about *ekibens*?
アイ スィー　(フ)ワッツ　スペシャル　アバウト　エキベンズ
そうですか　何が特別なのですか　駅弁について

Mao: **❽** They have local food, such as Kobe beef
ゼイ　ハヴ　ロウカル　フード　サッチ　アズ コウベ　ビーフ
それらには　入って います　地元の食べ物が　たとえば神戸牛や広島産のカキなどの

and oysters from Hiroshima.
アンド　オイスタァズ　フラム　ヒロシマ

❾ I've heard there are more than 2,000
アイヴ　ハード　ゼア　アー　モー　ザン　トゥー サウズンド
私は聞いたことが あります　あります　2,000種類以上の駅弁が

kinds of *ekibens* in Japan.
カインヅ　アヴ エキベンズ　イン チャパン
日本には

本文の意味

真央：❶お弁当は自家製のものだけではないのよ。❷駅弁のことを聞いたことはある？

ビル：❸ないよ。❹それは何？

真央：❺電車の駅で手に入れられるお弁当よ。

ビル：❻そうなんだ。❼駅弁って何が特別なの？

真央：❽たとえば神戸牛や広島産のカキなどの地元の食べ物が入っているの。❾日本には2,000種類以上の駅弁があるって聞いたことがあるわ。

ビル：❿そんなにたくさん？　⓫いつか，ぼくは電車で日本じゅうを旅行して，たくさんの駅弁を食べてみたいな。

真央：⓬すばらしそうね。⓭旅行中にお気に入りの駅弁を見つけるのは楽しいわね。

Bill: ❿ That many? ⓫ Someday I want to travel
ザット　　　メニィ　　　　　　サムディ　アイ　ワントゥー トゥラヴェル
そんなにたくさんですか　　　いつか　　私は　旅行したいです

around Japan by train and try many *ekibens*!
アラウンド　ヂャパン　バイ トゥレイン アンド トゥライ メニィ　エキベンズ
日本じゅうを　　　　電車で　　そして 食べてみ たくさんの駅弁を
　　　　　　　　　　　　　　　　（たいです）

> 「2,000種類以上」という数を受けて「そんなに」と言っている。

Mao: ⓬ Sounds fantastic. ⓭ It's fun to find
サウンヅ　ファンタスティック　　イッツ ファン トゥー ファインド
すばらしそうですね　　　　楽しいです　　見つけることは

your favorite *ekiben* on a trip.
ユア　フェイヴリット エキベン　アナ トゥリップ
あなたのお気に入りの駅弁を　旅行中に

> It は仮の主語で to 以下がほんとうの主語。It に「それは」という意味はない。

① Do *ekibens* have anything special?
駅弁には何か特別なものが入っていますか。

② What does Bill want to try if he travels around Japan?
もし日本じゅうを旅行するなら，ビルは何をしてみたいと思っていますか。

❶ Yes, they do. (They have local food, such as Kobe beef and oysters from Hiroshima.)
はい，入っています。(それらには，たとえば神戸牛や広島産のカキなどの地元の食べ物が入っています。)

❷ He wants to try many *ekibens*.
彼はたくさんの駅弁を食べてみたいと思っています。

単語・語句 QR

□ home-made［ホウムメイド］形 自家製の
□ available［アヴェイラブル］形 入手できる，利用できる
□ oyster(s)［オイスタァ（ズ）］名 カキ(貝)
□ fantastic［ファンタスティック］形 すばらしい，すてきな
□ *more than* ～　～以上

② 表現例

Try

I'll ask her to lend me the book because I like the writer.
私はその作家が好きなので，私は彼女にその本を貸してくれるように頼もうと思っています。

教科書 p.12

3 翌日，真央はお弁当についてのブログを見つけました。 `QR`

❶ Japanese people often use a variety of food
ジャパニーズ　ピープル　オーファン　ユーズ　ア　ヴァライアティ　アヴ　フード
日本の人々は　　　　しばしば　使います　さまざまな食べ物を

when they make *bentos*. ❷ A Japanese *bento*
(フ)ウェン　ゼイ　メイク　ベントウズ　　　ア　ジャパニーズ　ベントウ
彼らが作るときに　　お弁当を　　　　　日本のお弁当は

is very colorful and well-balanced in nutrition.
イズ ヴェリィ　カラフル　アンド　ウェルバランスト　　　イン ニュートゥリション
とてもカラフルでバランスがとれています　　　　栄養において

〈have＋過去分詞〉の形で、発展させることが完了していることを表している。

❸ Today many countries have developed their own
タデイ　メニィ　カントゥリィズ　ハヴ　ディヴェラップト　ゼア　オウン
今日　多くの国々は　　　発展させました　　彼らの独自の

unique lunch culture. ❹ For example, Mumbai
ユーニーク　ランチ　カルチャ　　フォー　イグザンプル　マンバイ
独特なお弁当の文化を　　　　たとえば　　　ムンバイは

in India is famous for its lunch delivery service.
イン インディア イズ フェイマス　フォー イッツ ランチ ディリヴリィ　サーヴィス
インドの　　　弁当配達サービスで有名です

〈be動詞＋過去分詞〉の形の文。
Hot lunches from home「家からの温かいお弁当」までが主語。

❺ Hot lunches from home are delivered to schools or
ハット　ランチィズ　フラム　ホウム　アー　ディリヴァド　トゥースクールズ　オー
温かい　お弁当が　家からの　　　配達されます　　学校や職場に

workplaces without fail.
ワークプレイスィズ　ウィザウト　フェイル
　　　　　　間違えることなく

本文の意味

❶日本の人々はしばしば，お弁当を作るときにさまざまな食べ物を使います。❷日本のお弁当はとてもカラフルで，栄養のバランスがとれています。

❸今日，多くの国々は，独自の独特なお弁当の文化を発展させてきました。❹たとえば，インドのムンバイは弁当配達サービスで有名です。❺家からの温かいお弁当が，学校や職場に間違えることなく配達されます。

❻外国へ旅行するときに，地元のお弁当を食べてみてはどうですか。❼きっと違った見た目と味わいのお弁当を見つけることができると思いますよ。

❻ Why don't you try a local lunch when you travel
（フ）ワイ　　　　ドゥンチュー　トゥライ　ア　ロウカル　　ランチ　　　（フ）ウェン　ユー　　トゥラヴェル
食べてみてはどうですか　　地元のお弁当を　　　あなたが旅行するときに

アブロード　　　　　　アイム　シュア　　ユー　　　キャン　ファインド　ア　ランチ
abroad? ❼ I'm sure you can find a lunch
外国へ　　　　　　私は確信して　あなたがお弁当を見つけることができることを
　　　　　　　　　います

ウィザ　ディフラント　　　　ルック　アンド　テイスト
with a different look and taste.
違った見た目と味わいの

> 〈主語＋be動詞＋形容詞＋that ～.〉の文で，thatが省略されている。you 以下は確信している具体的な内容を表している。

① What do Japanese people often use when they make *bentos*?
日本の人々はお弁当を作るときにしばしば何を使いますか。

② Why is the lunch delivery service in Mumbai famous?
なぜムンバイの弁当配達サービスは有名なのですか。

  ❶ They often use a variety of food.
彼らはしばしば，さまざまな食べ物を使います。

❷ Because hot lunches from home are delivered to schools or workplaces without fail.
家からの温かいお弁当が，学校や職場に間違えることなく配達されるからです。

単語・語句 'QR

□ variety [ヴァ**ライ**アティ] 名 (*a variety of* ～で) さまざまな

□ well-balanced [**ウェル**バランスト] 形 バランスのとれた

□ nutrition [ニュートゥ**リ**ション] 名 栄養

□ develop(ed) [ディ**ヴェ**ラップ(ト)] 動 発展させる，開発する

□ own [**オウ**ン] 形 独自の

□ Mumbai [**マン**バイ] 名 ムンバイ(インドの都市)

□ delivery [ディ**リ**ヴリィ] 名 配達

□ service [**サー**ヴィス] 名 サービス

□ deliver(ed) [ディ**リ**ヴァ(ド)] 動 配達する

□ workplace(s) [**ワーク**プレイス(ィズ)] 名 職場

□ different [**ディ**フラント] 形 違った，異なる

 ③ 表現例

It is difficult for me to <u>get up early</u> because <u>I study until late every day</u>.
<u>私は毎日遅くまで勉強しているので</u>，私にとって<u>早く起きる</u>のは難しいです。

Retell

❷

☐ Mao and Bill   ☐ cherry blossoms   ☐ *kyara-bens*   ☐ popular

表現例

・Mao and Bill are going to eat lunch under cherry blossoms.
　真央とビルは桜の花の下で昼食を食べようとしています。

・*Kyara-bens* are popular in Japan.
　キャラ弁は日本で人気があります。

☐ 2,000 kinds of *ekibens*   ☐ local food

表現例

・In Japan, there are more than 2,000 kinds of *ekibens*.
　日本には，2,000種類以上の駅弁があります。

・*Ekibens* have local food, such as Kobe beef and oysters from Hiroshima.
　駅弁には，たとえば神戸牛や広島産のカキなどの地元の食べ物が入っています。

☐ unique lunch culture   ☐ Mumbai

表現例

・Many countries have developed their own unique lunch culture.
　多くの国々が独自の独特な弁当文化を発展させてきました。

・Mumbai is famous for its lunch delivery service.
　ムンバイは弁当配達サービスで有名です。

Interact

1　Please Help Me!

①) 例文と訳 (

A: Excuse me, I have a stomachache. Can I ask you to call a doctor for me?

　すみません，私は腹痛がします。あなたに，私のために医者を呼ぶのを頼んでもいいですか。

B: OK. Just a moment. I'll call right now.

　いいですよ。少々お待ちください。今すぐ呼びましょう。

（表現例）

A: Excuse me, I have a fever. Can I ask you to bring some medicine for me?

　すみません，私は熱があります。あなたに，私のために薬を持ってくるのを頼んでもいいですか。

B: OK. Just a moment. I'll bring right now.

　いいですよ。少々お待ちください。今すぐ持ってきましょう。

②) 例文と訳 (

Mari asked Daiki to call a doctor.　　麻里は大樹に医者を呼んでくれるように頼みました。

（表現例）

Mari asked Daiki to bring some medicine.　　麻里は大樹に薬を持ってきてくれるように頼みました。

2　Something Important to Me

) 例文と訳 (

A: It's important for me to read books because I want to be a writer.

　私は作家になりたいので，私にとって本を読むことは重要です。

B: I'm sure you can be one. How many books do you read in a week?

　きっとあなたは作家になることができると思います。1週間であなたは本を何冊読みますか。

A: At least five.　　少なくとも5冊読みます。

B: Please tell me about your favorite book!　　私にあなたのお気に入りの本について教えてください！

単語・語句 QR

□ headache [ヘデイク] 名 頭痛
□ fever [フィーヴァ] 名 高熱
□ chilly [チリィ] 形 寒くて身ぶるいするような
□ pain [ペイン] 名 痛み
□ medicine [メダスィン] 名 薬
□ bandage [バンデッヂ] 名 包帯

□ stomachache [スタマケイク] 名 腹痛，胃痛
□ least [リースト] 形 little(少ない)の最上級
□ *have a fever*　熱がある
□ *right now*　今すぐ
□ *at least*　少なくとも

英語のしくみ

1 ask [tell / want] 〜 to ... ●) 例文と訳 ((

・I asked my father to buy me a new bike.　私は父に新しい自転車を買ってくれるように頼みました。

・Could you ask him to call me back?　彼に私に折り返し電話するように頼んでいただけませんか。

・We told Mike to go home.　私たちはマイクに家に帰るように言いました。

・I want you to eat this chocolate.　私はあなたにこのチョコレートを食べてほしいと思っています。

Challenge!

日本文に合う英文になるように, ( )内の語を並べかえましょう。

(1)あなたに明日ここに来るのを頼んでもいいですか。

　　Can I (to / ask / come / you) here tomorrow?

(2)先生は私たちにこの本を読むように言いました。

　　Our teacher (read / us / told / to) this book.

(3)私は健に, 私のためにギターをひいてほしいと思いました。

　　I (Ken / play / wanted / to) the guitar for me.

2 It is 〜 (for＋人) to .... ●) 例文と訳 ((

・It is difficult to get up early.　早起きすることは難しいです。

・It is not easy for me to understand Chinese.　私にとって中国語を理解するのはたやすくありません。

Challenge!

日本文に合う英文になるように, ( )内の語を並べかえましょう。

(1)十分に寝ることは重要です。　　　　　　(is / sleep / important / to / it) enough.

(2)私にとってコンピュータを使うのはたやすいです。　(easy / it / for / to / is / me) use a computer.

3 〈主語＋be動詞＋形容詞＋that 〜.〉 ●) 例文と訳 ((

・I'm glad (that) you like this present.　私はあなたがこのプレゼントを気に入ってくれてうれしいです。

・We are surprised (that) Koji won first prize at the contest.

　私たちは浩二がコンクールで優勝したので驚いています。

・I'm sure (that) many people will live with a robot.

　私はきっと多くの人々がロボットといっしょに生活するだろうと思います。

・I'm afraid (that) I have made a mistake.　私は間違えたのではないかと心配です。

Challenge!

日本文に合う英文になるように，（　）に適する語を書きましょう。

(1)私は明日は暑いのではないかと心配です。

I (　　　　) (　　　　) (　　　　　) it will be hot tomorrow.

(2)私たちはあなたに会うことができてうれしいです。

We are (　　　　) that (　　　　) (　　　　) meet you.

(3)きっと彼らはこのお弁当を気に入るでしょう。

I'm (　　　　) they (　　　　) (　　　　) this *bento*.

(Challenge!の解答はp.28)

(p.11より)

単語・語句 **QR**

□ told ［トウルド］動 tell(言う)の過去形《過去分詞形も同形》　　□ suitcase ［スートケイス］名 スーツケース

① **表現例**

Try　I'm going to study English hard.　私はいっしょうけんめい英語を勉強するつもりです。

25

Word Web ① 家の中と外

A
キャランダァ	ボウスタァ	ヘッドフォウンズ	ティーシャート	ヂャケット	カーペット
calendar	poster	headphones	T-shirt	jacket	carpet
カレンダー	ポスター	ヘッドホン	Tシャツ	ジャケット	カーペット

B
カートン	フラウアズ	ベイス	シャート
curtain	flowers	vase	shirt
カーテン	花	花びん	シャツ

タイ	スマートフォウン	スウェタァ	スカート
tie	smartphone	sweater	skirt
ネクタイ	スマートフォン	セーター	スカート

C
ガードン	ヤード
garden	yard
花だん	庭

D
エア カンディシュナァ	ライト	フォウン
air conditioner	light	phone
エアコン	電灯	電話

ティーヴィー	キャムラ	ソウファ
TV	camera	sofa
テレビ	カメラ	ソファ

E
トウスタァ	チェア	フロー
toaster	chair	floor
トースター	いす	ゆか

F
シャウア	ドゥライア	ミラァ
shower	dryer	mirror
シャワー	ドライヤー	鏡

G
レストゥルーム
restroom
トイレ

H
シューズ
shoes
くつ

I
シャタァ	フェンス
shutter	fence
シャッター	へい

1 英文 QR

❶ I often relax in this room. I always play video games here. I like this room because I can go out into the yard and play with my dog. Where am I?

私はしばしばこの部屋でくつろぎます。私はいつもここでテレビゲームをします。庭に出てイヌと遊ぶことができるので，私はこの部屋が好きです。私はどこにいるでしょう。

❷ I can always feel easy in this room. I often do my homework here. I sometimes listen to music here. When I open the window, I can get some fresh air. From here I like to see the dog down in the yard. Where am I?

私はいつもこの部屋でくつろぐことができます。私はしばしばここで宿題をします。私はときどきここで音楽を聞きます。窓を開けるとき，私は新鮮な空気を得ることができます。ここから庭のイヌを見下ろすのが好きです。私はどこにいるでしょう。

❸ This room is very busy in the morning. I sometimes take a shower in the morning. My sister spends a lot of time here. I have to wait for a long time to wash my face and brush my teeth. Where am I?

この部屋は午前中はとても忙しいです。私はときどき午前中にシャワーを浴びます。私の姉[妹]はここでたくさんの時間を過ごします。顔を洗ったり歯を磨いたりするために，私は長い時間待たなければなりません。私はどこにいるでしょう。

解答

❶ D   ❷ A   ❸ F

2 表現例

・I always have breakfast with my family in E.
　私はいつもEで家族といっしょに朝食を食べます。

・I have to take off my shoes in H.
　私はHで靴をぬがなければなりません。

・I water the flowers in C every day.
　私はCで毎日花に水をあげます。

単語・語句 QR

□ spend(s) [スペンド(スペンヅ)] 動 (時間を)過ごす

□ brush [ブラッシュ] 動 ブラシをかける

□ boil [ボイル] 動 (液体を)ふっとうさせる，わかす

□ toast [トウスト] 動 こんがりと焼く，トーストする

□ bread [ブレッド] 名 パン

1 英文と訳

① Newspapers give us better information than the internet because everything is written by professional journalists. They know the topic well and check each other's writing before they publish.

So you can trust information from newspapers.

新聞は，すべてがプロの報道記者によって書かれているので，インターネットよりもよい情報を私たちに与えてくれます。彼らは話題をよく知っているし，発行する前におたがいの文書を確かめます。

だからあなたは新聞からの情報を信頼することができます。

② I understand your point. However, information in newspapers can be wrong too ....

あなたの主張はわかります。しかし，新聞の情報が間違っていることもあり得ます…。

2 英文と訳

テーマ：Which is a better place to read books? 本を読むのによりよい場所はどちらですか。

At home or In a library 家で，それとも，図書館で

単語・語句 QR

□ journalist(s) [ヂャーナリスト(ヂャーナリスツ)] 名 ジャーナリスト，報道記者

□ writing [ライティング] 名 文書，書かれたもの

□ publish [パブリッシュ] 動 発行[出版]する

□ trust [トゥラスト] 動 信頼する

Challenge! 解答 (p.24, p.25)

1 (1) Can I ask you to come here tomorrow? (2) Our teacher told us to read this book.

(3) I wanted Ken to play the guitar for me.

2 (1) It is important to sleep enough. (2) It is easy for me to use a computer.

3 (1) am afraid that (2) glad, we can (3) sure, will like

MEMO

PROGRAM 2
Good Night. Sleep Tight.

Scenes

1 「〜がどこで…したかを覚えている」などと言えるようになろう。 **QR**

ハヴ ユー スィーン マイ キー アミ
Have you seen my key, Ami?

ノウ ハヴ ユー ロースト イット
No. Have you lost it?

イェス アイ キャント リメンバァ (フ)ウェア アイ プット イット
Yes. I can't remember **where I put it**.

ユー スタディド アットザ ライブレリィ
You studied at the library
ズィス アフタヌーン ライト
this afternoon, right?

Scenes の意味

A: 私のかぎを見ましたか, 亜美。
B: いいえ。なくしたのですか。

A: はい。どこに置いたのか思い出せないのです。
B: 今日の午後, 図書館で勉強していましたよね。

「どこに〜が…したのか」 と言うときは…

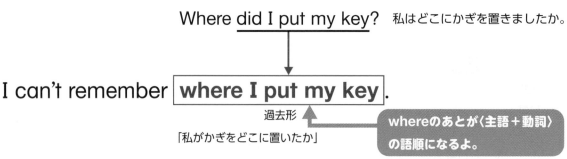

Where did I put my key? 私はどこにかぎを置きましたか。

I can't remember where I put my key.

過去形
「私がかぎをどこに置いたか」

whereのあとが〈主語＋動詞〉
の語順になるよ。

ポイント!

形	〈where＋主語＋動詞〉
意味	「どこで[に]〜が…するのか」

疑問詞が主語の場合に注意!

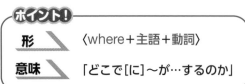

Who made the *bento*? だれがそのお弁当を作ったのですか。

We don't know **who made** the *bento*. 私たちはだれがそのお弁当を作ったか知りません。

語順は変わらないよ。

Listen 純の電話のメッセージを聞き，正しいものに〇をつけましょう。

❶ Jun knows when the concert starts. 　　　(　　)
❷ Jun knows where the concert is held. 　　(　　)
❸ Jun knows who plays in the concert. 　　(　　)

（解答）
❷，❸

英文 **QR**

Jun: Hello, this is Jun. I can't wait for the Sunshine Band's concert next month. I know it's at KRD Hall on Saturday, May 10, but I forgot what time it starts. Can you call me back?

もしもし，こちらは純です。私は来月のサンシャイン・バンドのコンサートが待ちきれません。私はそれが5月10日の土曜日にKRDホールであることを知っていますが，それが何時に始まるか忘れてしまいました。私に折り返し電話してくれますか。

Speak & Write 学校行事について友だちと表現しましょう。

（例）*A:* Do you know when the school festival is held?
　　 B: Yes. It's held in November.

例文の訳

A: あなたは文化祭がいつ開催されるか知っていますか。
B: はい。それは11月に開催されます。

（解答例）

・*A:* Do you know when the chorus contest is held?
　あなたは合唱コンクールがいつ開催されるか知っていますか。
　B: Yes. It's held in June.　はい。それは6月に開催されます。
・*A:* Do you know when the field day is held?　あなたは運動会がいつ開催されるか知っていますか。
　B: Yes. It's held in September.　はい。それは9月に開催されます。

単語・語句 **QR**

□ tight［タイト］副 ぐっすりと，深く
□ lost［ロースト］動 lose（失う，なくす）の過去分詞形《過去形も同形》
□ lose［ルーズ］動 失う，なくす
□ held［ヘルド］動 hold（開催する）の過去分詞形《過去形も同形》

□ Sunshine Band［サンシャイン バンド］名 サンシャイン・バンド（架空のバンド名）
□ KRD Hall［ケイアーディー ホール］名 ケーアールディー・ホール（架空のホールの名）

Try ① **表現例**
（例：Ａ-1) I played the piano yesterday. It was fun to play the piano because I like music.
私は昨日，ピアノをひきました。私は音楽が好きなので，ピアノをひくのは楽しかったです。

31

2 「～に…がどこにいるかを聞く」などと言えるようになろう。 **QR**

ハイ スー　　アイム ルッキング フォーマイ キー
Hi, Sue. I'm looking for my key.

ユア　キー　ミズ ハラ メイ
Your key? Ms. Hara may
ノウ　サムスィング
know something.

リーリィ　　キャニュー テル ミー (フ)ウェア シー イズ
Really? Can you **tell** *me* **where she is**?

シーズ　オウヴァ ゼア
She's over there.

Scenes の意味

A: やあ，スー。私はかぎをさがしています。
B: あなたのかぎですか。原先生が何か知っているかもしれません。

A: ほんとうですか。彼女がどこにいるか私に教えてもらえますか。
B: 彼女ならあそこにいます。

「～がどこにいるのか（人）に教えてもらえますか」 と言うときは…

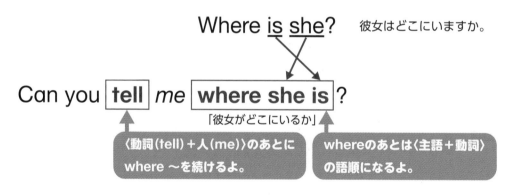

Where <u>is</u> <u>she</u>?　　彼女はどこにいますか。

Can you | tell | *me* | where she is |?
　　　　　　　　　　「彼女がどこにいるか」

〈動詞(tell)＋人(me)〉のあとに where ～を続けるよ。

whereのあとは〈主語＋動詞〉の語順になるよ。

ポイント！

| 形 | 〈動詞＋人など＋where＋主語＋動詞〉 |
| 意味 | 「どこで～が…するのかを（人など）に—する」 |

『動詞の形に注意！』

Why <u>does she look</u> so happy?　なぜ彼女はそんなに楽しそうに見えるのですか。

Please tell me **why she looks** so happy.　なぜ彼女がそんなに楽しそうに見えるのか，私に教えてください。

語順が変わり，動詞に三単現のsがつくよ。

Listen 旅館のスタッフと客の対話を聞き，内容に合う絵を選びましょう。QR

❶ (　　)　　**❷** (　　)　　**❸** (　　)

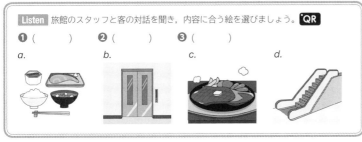

a.　　　b.　　　c.　　　d.

❶ b

❷ c

❸ a

対話文 QR

❶ *Guest:* Can I ask you where the elevator is?
エレベーターがどこにあるかあなたにたずねてもいいですか。

Staff: Yes.　It's over there.　はい。それはあそこにあります。

❷ *Guest:* Can you tell me what time dinner starts?　夕食が何時に始まるか私に教えてもらえますか。

Staff: It starts at 6 p.m.　You can enjoy delicious steak.
それは午後6時に始まります。あなたはおいしいステーキを楽しめます。

❸ *Guest:* I've never seen this before.　Can you tell me what it is?
私は今までにこれを見たことがありません。それが何か私に教えてもらえますか。

Staff: Yes, sir.　It's traditional Japanese soup.　Please try it.
はい。それは伝統的な日本のスープです。どうぞ食べてみてください。

Speak & Write お気に入りの作品について，友だちにインタビューしましょう。

(例) *A:* Can you tell me what your favorite comic book is?

B: Yes.　It's *NARUTO*.

例文の訳

A: あなたの大好きなマンガは何か私に教えてもらえますか。

B: はい。それは『ナルト』です。

(解答例)

・*A:* Can you tell me what your favorite book is?　あなたの大好きな本は何か私に教えてもらえますか。

B: Yes.　It's *Botchan*.　はい。それは『坊っちゃん』です。

・*A:* Can you tell me what your favorite music is?　あなたの大好きな音楽は何か私に教えてもらえますか。

B: Yes.　It's *J-POP*.　はい。それは日本のポピュラー音楽です。

・*A:* Can you tell me what your favorite movie is?　あなたの大好きな映画は何か私に教えてもらえますか。

B: Yes.　It's *STAR WARS*.　はい。それは『スター・ウォーズ』です。

単語・語句 QR

□ sir［サー］图（男性に対する改まった呼びかけ）

3 「〜が人に…と言った」などと言えるようになろう。 **QR**

ミズ ハラ ハヴ ユー スィーン ア キー
Ms. Hara, have you seen a key?

ウェル ミスタァ イトー ファウンド ワン
Well, Mr. Ito found one.

(フ)ワット ワズ イット ライク
What was it like?

ヒー トウルド ミー ザット イット ハダ レッド ベル
He **told** *me* **that** it had a red bell.

Scenes の意味

A: 原先生，かぎを見ませんでしたか。 B: ええと，伊藤先生が見つけましたよ。	A: それはどのようでしたか。 B: 彼は赤い鈴がついていると言っていました。

「（人）に〜と（いうことを）言った」 と言うときは…

〈told＋人など〉のあとに〈that＋主語＋動詞 〜〉を続けるよ。

He 　told　 *me* 　that　 it had a red bell.
「〜ということを」

thatのあとには言った内容がくるよ。
thatは省略できるよ。

ポイント!

形	〈主語＋動詞＋人など＋that 〜.〉
意味	「（主語）は（人など）に〜ということを…する」

『過去の文でのthatのあとの（助）動詞の形に注意！』

My brother **told** me **that** he would visit Kyoto in May.　私の兄は5月に京都を訪れるつもりだと言いました。
　　過去形　　　　　　過去形

told（過去形）に合わせて，thatの
あとの（助）動詞も過去形になるよ。

過去形のようには訳さないよ。

Listen 標識の説明を聞き，内容に合うものを選びましょう。 QR

❶ (　　　　) 　❷ (　　　　) 　❸ (　　　　)

a.　　　　　　b.　　　　　　c.　　　　　　d.

解答

❶ b

❷ d

❸ c

英文 QR

❶ This road sign shows drivers that they mustn't turn right here.

この道路標識は運転手に，ここで右に曲がってはいけないということを示しています。

❷ This road sign shows drivers that they must stop here.

この道路標識は運転手に，ここで止まらなければならないということを示しています。

❸ This road sign shows walkers that they mustn't cross the road here.

この道路標識は歩行者に，ここで道路を横断してはいけないということを示しています。

Speak & Write 身近な人がよく言うことについて表現しましょう。

(例) My teacher often tells us that health is important.

例文の訳

先生はしばしば私たちに，健康は重要だと言います。

解答例

・Our father often tells us that family is important. 　父はしばしば私たちに，家族は重要だと言います。

・Jenny often tells us that her smartphone is useful.

ジェニーはしばしば私たちに，彼女のスマートフォンは役に立つと言います。

・Bill often tells us that video games are boring.

ビルはしばしば私たちに，テレビゲームはつまらないと言います。

単語・語句 QR

□ bell [ベル] 名 鈴，鐘

□ sign [サイン] 名 標識，表示

□ walker(s) [ウォーカァ(ズ)] 名 歩行者

□ cross [クロース] 動 横断する

Think

1 ミラー先生が健に話しかけます。 **QR**

Ms. Miller: ❶ You look sleepy today, Ken.
あなたは 眠そうに見えます　今日は　健

Ken: ❷ I slept only four hours last night.
私は 眠りました たった4時間だけ　　昨夜

> howのあとが sleep affectsと〈主語＋動詞〉の語順になっている。

Ms. Miller: ❸ Only four hours? ❹ You should know
たった4時間だけですか　　あなたは 知るべきです

how sleep affects our health. ❺ I
どのように 睡眠が 影響を及ぼすか 私たちの健康に　私は

don't think a lot of Japanese people sleep
思いません 多くの日本の人々が十分に眠っているとは

enough.

Ken: ❻ Really? ❼ How long do people
ほんとうですか　どのくらいの間 人々はふつう眠るのですか

usually sleep in your country?
あなたの国では

本文の意味

ミラー先生：❶今日は眠そうに見えますね，健。

健：❷昨夜，4時間しか寝てないんです。

ミラー先生：❸たった4時間？　❹あなたは睡眠がどのように私たちの健康に影響を及ぼすか知るべきです。❺多くの日本の人々は十分に眠っていないと思います。

健：❻ほんとうですか。❼先生の国では，人々はふつうどのくらい眠るんですか。

ミラー先生：❽わかりませんが，多くの医師たちは，私たちは1日に少なくとも6時間眠る必要があると言っています。

健：❾それでは，今夜は8時間寝ます。

ミラー先生：❿待ってください。⓫あとから睡眠不足を補うことはできないと聞いたことがありますよ。

Ms. Miller: ❽ I have no idea, but many doctors say
私は わかりません　　　しかし 多くの医師たちは　　言っています

アイ ハヴ　　　ノウ アイディア バット メニィ　　　ダクタァズ　セイ

ウィー ニード　　トゥー スリープ　アット リースト スィックス アウアズ　ア ディ

we need to sleep at least six hours a day.
私たちは少なくとも1日6時間眠る必要があると

> 昨夜4時間しか寝なかったので，6時間寝る必要があるならば，不足した2時間を補って8時間寝る，と言っている。

ゼン　アイル スリープ　エイト　アウアズ タナイト

Ken: ❾ Then I'll sleep eight hours tonight.
それでは 私は眠ります　8時間　　　今夜は

ウェイト　　　アイヴ ハード　　ユー　キャント メイク　アップ

Ms. Miller: ❿ Wait. ⓫ I've heard you can't make up
待ってください 私は聞いたことが　あなたはあとで睡眠不足を補うことは
あります

> 〈have＋過去分詞〉の形で，今まで聞いたことがあることを表している。heard のあとに接続詞 that が省略されている。

フォー ラック アヴ スリープ レイタァ

for lack of sleep later.
できないと

Q ① How long did Ken sleep last night?
健は昨夜，どのくらい眠りましたか。

② How many hours a day do we need to sleep?
私たちは1日に何時間眠る必要がありますか。

A (解答例) ❶ He slept (only) four hours.
彼は(たった)4時間(だけ)眠りました。

❷ We need to sleep at least six hours (a day).
私たちは(1日に)少なくとも6時間眠る必要があります。

単語・語句 QR
- affect(s) [アフェクト(アフェクツ)] 動 影響を及ぼす
- tonight [タナイト] 副 今夜(は)
- lack [ラック] 名 不足
- *have no idea* わからない
- *make up for* ～ ～を補う

2 ミラー先生はさらに続けます。 **QR**

〈Have＋主語＋過去分詞〜?〉の文。今までに疲れを感じたことがあるかどうかをたずねている。

Ms. Miller: ❶ Have you ever felt tired even though
ハヴ ユー エヴァ フェルト タイアド イーヴァン ゾウ
あなたはこれまでに疲れを感じたことは たとえあなたが眠っても
ありますか

you slept long enough?
ユー スレプト ローング イナフ
十分に長く

Ken: ❷ Yes, I have. ❸ On those days I
イエス アイ ハヴ アン ゾーズ デイズ アイ
はい あります そのような日は 私は

can't concentrate on anything.
キャント カンサントゥレイト アン エニスィング
集中することができません 何にも

Ms. Miller: ❹ When you are tired, you need
(フ)ウェン ユー アー タイアド ユー ニード
あなたが疲れているときには あなたは 必要としています

a good sleep.
ア グッド スリープ
よい睡眠を

〈動詞＋人〉のあとにwhat 〜 が続いている。whatのあとはI should doと〈主語＋動詞〉の語順になっている。

Ken: ❺ A "good" sleep? ❻ Please tell
ア グッド スリープ プリーズ テル
「よい」睡眠ですか 教えてください

me what I should do.
ミー (フ)ワット アイ シュッド ドゥー
私に 何を 私は するべきか

本文の意味

ミラー先生：❶今までに十分長く眠っても疲れを感じたことはありますか。

　　　　健：❷はい，あります。❸そんな日は何にも集中できません。

ミラー先生：❹疲れているときは，よい睡眠が必要ですよ。

　　　　健：❺「よい」睡眠ですか。❻ぼくに何をすればいいか教えてください。

ミラー先生：❼寝る90分前におふろに入るといいですよ。❽そうすれば眠るときに体温がちょうどよくなります。

　　　　健：❾先生は毎日そうしているんですか。

ミラー先生：❿ええ，だから私はいつも元気いっぱいです。

　　　　健：⓫そうですか。⓬今夜やってみます。

Ms. Miller: ❼ You should take a bath 90 minutes
ユー　　シュッド　　テイカ　バス　　ナインティ ミニッツ
あなたは ふろに入るべきです　　　　寝る90分前に

before going to bed. ❽ Then your body
ビフォー　　ゴウイング　トゥー ベッド　　　ゼン　　ユア　　バディ
　　　　　　　　　　　　　　　　　　　それなら　あなたの体温は

temperature will be just right when you
テンプラチャ　　　　ウィル　ビー ヂャスト ライト　　（フ）ウェン　ユー
　　　　　　　　ちょうどよくなるでしょう　　あなたが眠るとき

sleep.
スリープ

> 「～する…分前に」という言い方。「…分」がbeforeの前にくる。

Ken: ❾ Do you do it every day?
ドゥー ユー　ドゥー イット エヴリィ　ディ
あなたはしているの それを 毎日
ですか

> ❼の「寝る90分前にふろに入る」ことをさしている。

Ms. Miller: ❿ Yes, so I'm always full of energy.
イェス　ソー アイム　オールウェイズ フル　アヴ エナヂィ
はい　　だから 私はいつもエネルギーでいっぱいです

Ken: ⓫ I see. ⓬ I'll try it tonight.
アイ スィー　　　アイル トゥライ イット タナイト
そうですか　　　私はやって それを 今夜
　　　　　　　　みます

Q
① What do you need when you are tired?
疲れているとき，あなたは何を必要としていますか。
② What does Ms. Miller do to have a good sleep?
ミラー先生はよい睡眠をとるために何をしていますか。

A （解答例） ❶ We need a good sleep.　私たちはよい睡眠を必要としています。
❷ She takes a bath 90 minutes before going to bed.
彼女は寝る90分前にふろに入ります。

単語・語句 QR
□ concentrate [カンサントゥレイト] 動（精神を）集中する
□ minute(s) [ミニット（ミニッツ）] 名（時間の）分
□ body [バディ] 名体

□ energy [エナヂィ] 名エネルギー
□ even though ~　たとえ~ではあっても
□ be full of ~　~に満ちている，~でいっぱいである

(Tryはp.40へ)

3 その晩，ミラー先生はスマートフォンである記事を見つけました。**QR**

ドゥー ユー ユーズ ユア スマートフォウンズ フォー ア ローング タイム
❶ Do you use your smartphones for a long time
あなたは使いますか あなたのスマートフォンを 長い時間

ビフォー ゴウイング トゥー ベッド イフ ユー ルッカット ザ ブライト
before going to bed? ❷ If you look at the bright
寝る前に もしあなたが明るい画面を見るならば

スクリーン アット ナイト ユア ブレイン ウィル ビリーヴ イットイズ デイタイム
screen at night, your brain will believe it is daytime.
夜に あなたの脳は 信じるでしょう 昼だと

アズ ア リザルト ユー キャナット フォール アスリープ イーズリィ
❸ As a result, you cannot fall asleep easily.
その結果として あなたは 眠りに落ちることができません たやすく

トゥー ゲット ア グッド スリープ ユー シュッド チェインヂ ズィス ハビット
❹ To get a good sleep, you should change this habit.
よい睡眠を得るためには あなたは 変えるべきです この習慣を

> To getは「得るために」という意味で目的を表す〈to＋動詞の原形〉。this habitとは寝る前に長い間スマートフォンを使う習慣のこと。

本文の意味

❶あなたは寝る前に長い時間スマートフォンを使いますか。❷もしあなたが夜に明るい画面を見るならば，脳は昼だと信じてしまうでしょう。❸その結果，たやすく眠りに落ちることができなくなってしまいます。❹よい睡眠をとるためには，この習慣を変えるべきです。

❺よい睡眠が，どれほど私たちの仕事を向上させるのかがわかり始めました。❻午後の早い時間に短い昼寝の時間を導入した会社もあります。❼その結果は私たちに，人々は昼寝のあとでもっとよく働くことができるということを教えています。❽でも，長く眠りすぎてはいけませんよ！

(p.39より)

Try ② （表現例）

(例：Ａ-2) I want to visit old shrines and temples in Kyoto.
私は京都の古い神社やお寺を訪れたいです。

❺ People have started to see how good sleep

ピープル　ハヴ　スターティド　トゥースィー　ハウ　グッド　スリープ

人々は　わかり始めました　　どれほど よい睡眠が

インプルーヴズ　アウア　ワーク　　　サム　　カンパニィズ　　ハヴ

improves our work. ❻ Some companies have

向上させるか　私たちの仕事を　　いくつかの会社は　　導入しました

イントゥラデュースト　ア　ショート　ナップ　タイム　アーリィ　イン　ズィ　アフタヌーン

introduced a short nap time early in the afternoon.

短い昼寝の時間を　　　午後早くに

> howのあとに good sleep improves と〈主語＋動詞〉が続いている。

ザ　リザルツ　テル　アス　ザット　ピープル　キャン　ワーク　ベタァ

❼ The results tell us that people can work better

その結果は　　　教えます 私たちに 人々はもっとよく働くことができるということを

アフタァ　ア　ナップ　　　バット　ユー　シュドゥント　　　スリープ　トゥー　ローング

after a nap. ❽ But you shouldn't sleep too long!

昼寝のあとで　　　しかし あなたは 眠るべきではありません　あまりに長く

> 〈主語＋動詞＋人など＋that ～.〉の文。教える内容がthat以下で述べられている。

① What will happen if you use smartphones before going to bed?
もし寝る前にスマートフォンを使うならば，何が起こるでしょうか。

② Can people work better after a nap?
人々は昼寝のあとでもっとよく働くことができますか。

 （解答例）

❶ Our brain will believe it is daytime. [We won't be able to fall asleep easily.]
私たちの脳は昼だと信じるでしょう。[私たちはたやすく眠りに落ちることができないでしょう。]

❷ Yes, they can.
はい，できます。

単語・語句 QR

□ bright [ブライト] 形 光っている，明るい
□ screen [スクリーン] 名 （スマートフォンなどの）画面
□ brain [ブレイン] 名 脳
□ daytime [デイタイム] 名 昼
□ result [リザルト] 名 結果
□ asleep [アスリープ] 形 眠って，眠りについて

□ habit [ハビット] 名 習慣
□ improve(s) [インプルーヴ(ズ)] 動 改善する，向上させる
□ nap [ナップ] 名 昼寝，うたた寝
□ shouldn't [シュドゥント] ＝should not
□ *as a result* その結果として
□ *fall asleep* 眠りに落ちる，寝入る

（Tryはp.42へ）

Retell

● ● ● ● ● ● ● ● ●

❷

☐ Japanese　　☐ sleep enough　　☐ at least six hours a day

表現例

・Ms. Miller doesn't think a lot of Japanese people sleep enough.

　ミラー先生は多くの日本の人々は十分に眠っていないと思っています。

・We need to sleep at least six hours a day.

　私たちは1日に少なくとも6時間眠る必要があります。

☐ a good sleep　　☐ take a bath　　☐ 90 minutes before going to bed

表現例

・When we are tired, we need a good sleep.

　疲れているときには，私たちはよい睡眠を必要としています。

・We should take a bath 90 minutes before going to bed.

　私たちは寝る90分前にふろに入るべきです。

☐ smartphones　　☐ fall asleep　　☐ some companies　　☐ a short nap time

表現例

・If we use our smartphones for a long time before going to bed, we cannot fall asleep easily.

　もし寝る前に長い時間スマートフォンを使うなら，私たちはたやすく眠りに落ちることができません。

・Some companies have introduced a short nap time.

　短い昼寝の時間を導入した会社もあります。

(p.41より)

Try　③ 表現例

（例：B-1) I think the mountains are better than the sea because we can enjoy seeing plants.

私たちは植物を見て楽しめるので，私は海よりも山のほうがよいと思います。

Interact

1　Do You Know Who I Am?

例文と訳

A: Can you tell me what I am? I'm an animal. I'm big. I'm black and white.
　私が何だか教えてもらえますか。私は動物です。私は大きいです。私は黒と白です。

B: Oh, I know what you are. You are a cow!　ああ，私はあなたが何だかわかります。あなたはウシです！

A: No, I'm not a cow. My most favorite food is bamboo. Now do you know what I am?
　いいえ，私はウシではありません。私のもっとも好きな食べ物は竹です。さあ，あなたは私が何だかわかりますか。

B: I got it! You are a giant panda.　わかりました！　あなたはジャイアントパンダです。

表現例

A: Can you tell me who I am? I'm a man. I'm Japanese. I live in a castle.
　私がだれか教えてもらえますか。私は男性です。私は日本人です。私は城に住んでいます。

B: Oh, I know who you are. You are Oda Nobunaga!
　ああ，私はあなたがだれかわかります。あなたは織田信長です！

A: No, I'm not Oda Nobunaga. I live in Edo Castle. Now do you know who I am?
　いいえ，私は織田信長ではありません。私は江戸城に住んでいます。さあ，あなたは私がだれかわかりますか。

B: I got it! You are Tokugawa Ieyasu.　わかりました！　あなたは徳川家康です。

2　Give Him My Message.

例文と訳

You: Hello. This is ＿＿＿. May I speak to John, please?
　もしもし。こちらは＿＿＿です。ジョンをお願いします。

Liz: Sorry, he is out now. Can I take a message?
　すみません，彼は今，外にいます。伝言を聞きましょうか。

You: Yes, please. Can you tell him we've changed the date and place of the meeting? Can you also tell him to call me back?
　はい，お願いします。彼に，私たちは集まりの日付と場所を変えたと言ってくれませんか。また，彼に私に折り返し電話するように言ってもらえますか。

Liz: Sure. Goodbye.　いいですよ。さようなら。

単語・語句 QR

□ bamboo ［バンブー］ 名 竹　　　　□ giant panda ［ヂャイアント パンダ］ 名 ジャイアントパンダ

英語のしくみ

1 〈whoなど＋主語＋動詞〉を含む文　● 例文と訳 ●

1. 動詞のあとにくるとき

・Who is that boy? I don't know.　あの少年はだれですか。私は知りません。

・I don't know who that boy is.　私はあの少年がだれか知りません。

・I don't know what he will do next.　私は彼が次に何をするかわかりません。

・Who can answer the question? We know.

　だれがその質問に答えることができますか。私たちは知っています。

・We know who can answer the question.

　私たちはだれがその質問に答えることができるか知っています。

2. 〈動詞＋人など〉のあとにくるとき

・Who is that boy? Please tell me.　あの少年はだれですか。私に教えてください。

・Please tell me who that boy is.　あの少年がだれか，私に教えてください。

・Can you tell her where you live?　あなたがどこに住んでいるか，彼女に伝えてもらえますか。

Challenge!

日本文に合う英文になるように，(　)内の語句を並べかえましょう。

(1)私はあなたがどこに住んでいるか知りません。

　I don't (where / live / know / you).

(2)あなたはだれがその絵を描いたか知っていますか。

　Do (painted / you / the picture / who / know)?

(3)なぜ彼女が泣いているのか私に教えてください。

　Please (why / me / she / crying / tell / is).

2 〈主語＋動詞〔tellなど〕＋人など＋that 〜.〉　● 例文と訳 ●

・This is not true.　これはほんとうではありません。

・I'll show you (that) this is not true.

　私はあなたに，これがほんとうではないということを示しましょう。

・My brother told me (that) he would come to the party.

　兄[弟]は私にパーティーに来るつもりだと言いました。

Challenge!

日本文に合う英文になるように，(　)に適する語を書きましょう。

(1)私の母は私に，納豆は健康によいと言います。

　My mother (　　　　) (　　　　) that *natto* (　　　　) good for health.

(2)ジョンは私たちに，その本は難しいと言いました。

　John (　　　　) us (　　　　) the book (　　　　) difficult.

(発音クリニックはp.49へ，Challenge!の解答はp.51)

1 対話文 QR

Traveler: Excuse me. Could you tell me how to get to Fukuoka Airport?
すみません。福岡空港までの行き方を教えていただけませんか。

Yoji: Sure. We are at Kaizuka Station now. いいですよ。私たちは今, 貝塚駅にいます。

Traveler: Yes. はい。

Yoji: Go to Nakasu-Kawabata and change trains there.
中洲川端まで行って, そこで電車を乗りかえてください。

Traveler: OK. Which line should I take there? わかりました。そこでどの線に乗ればいいでしょうか。

Yoji: Take the Kuko Line. 空港線に乗ってください。

It'll take about 30 minutes from here. ここから約30分かかるでしょう。

Traveler: Thank you very much. どうもありがとうございました。

Yoji: You're welcome. Take care. どういたしまして。気をつけて。

2 解答例

① *Traveler:* Excuse me. Could you tell me how to get to Kaizuka Station?
すみません。貝塚駅までの行き方を教えていただけませんか。

A: Sure. We are at Ohorikoen Station now. いいですよ。私たちは今, 大濠公園駅にいます。

Traveler: Yes. はい。

A: Go to Nakasu-Kawabata and change trains there.
中洲川端まで行って, そこで電車を乗りかえてください。

Traveler: OK. Which line should I take there? わかりました。そこでどの線に乗ればいいでしょうか。

A: Take the Hakozaki Line. 箱崎線に乗ってください。

It'll take about 20 minutes from here. ここから約20分かかるでしょう。

Traveler: Thank you very much. どうもありがとうございました。

A: You're welcome. Take care. どういたしまして。気をつけて。

② *Traveler:* Excuse me. Could you tell me how to get to Nakasu-Kawabata Station?
すみません。中洲川端駅までの行き方を教えていただけませんか。

A: Sure. We are at Yakuin Station now. いいですよ。私たちは今, 薬院駅にいます。

Traveler: Yes. はい。

A: Go to Tenjin-minami and walk to Tenjin Station. Then take a train there.
天神南へ行って, 天神駅まで歩いてください。それからそこで電車に乗ってください。

Traveler: OK. What line is Tenjin Station on? わかりました。天神駅は何線ですか。

A: The Kuko Line. 空港線です。

It'll take about 15 minutes from here. ここから約15分かかるでしょう。

Traveler: Thank you very much. どうもありがとうございました。

A: You're welcome. Take care. どういたしまして。気をつけて。

単語・語句 QR

□ traveler [トゥラヴラァ] 图 旅行者 　　　　□ *change trains* 電車[列車]を乗りかえる

PROGRAM 3

A Hot Sport Today

Scenes

1 人やものの呼び方などが言えるようになろう。 **QR**

ハイ アー ユー ア ニュー ステューードント アイム アミ
Hi, are you a new student? I'm Ami.

ハイ アミ イェス アイム ニュー アイム アレグザンダァ
Hi, Ami. Yes, I'm new. I'm Alexander.

イクスキューズ ミー
Excuse me?

アレグザンダァ プリーズ コール ミー アレックス
Alexander. Please **call** *me* **Alex**.

Scenes の意味

A: こんにちは，あなたが新入生ですか。私は亜美です。
B: こんにちは，亜美。そうです，私が新入生です。私は
アレクサンダーと言います。

A: もう一度言ってください。
B: アレクサンダーです。アレックスと呼んでください。

| 「～を…と呼んでください」 | と言うときは… |

Please call *me* Alex .
「呼ぶ」

callのあとにme「私を」(人)，Alex「アレックス」(名詞)
の順で続けるよ。me＝Alexの関係だよ。

ポイント!

形	〈call [name]＋～(人など)＋...(名詞)〉
意味	「～を…と呼ぶ[名づける]」

この形になるcall以外の動詞！

We named *the cat* Tama.   私たちはそのネコをタマと名づけました。

「～を…と名づける」という意味だよ。the cat＝Tamaの関係だよ。

> Listen 英語を聞き，それぞれの人が呼んでほしい名前を選びましょう。 **QR**
> ❶ (Ann / Nancy)   ❷ (Bill / Will)   ❸ (Elizabeth / Beth)

(解答)
❶ Ann   ❷ Bill
❸ Beth

英文 **QR**

❶ *Ann:* Hi, I'm Nancy. Nice to meet you. Please call me Ann.
　　こんにちは，私はナンシーです。はじめまして。私をアンと呼んでください。

❷ *Bill:* My name is William. People sometimes say Will, but please call me Bill.
　　私の名前はウィリアムです。ウィルと言うときもありますが，私をビルと呼んでください。

❸ *Beth:* My name is Elizabeth. I'm happy if you call me Beth.
　　私の名前はエリザベスです。私をベスと呼んでくれたらうれしいです。

> Speak & Write 下の絵や写真を見てニックネームや記念日の名前を考え，表現しましょう。
> (例) I will call this bird Kii-chan because it is yellow.

(例文の訳)
この鳥は黄色いので，私はそれをキイチャンと呼ぼうと思います。

(解答例)

❶ I will call this rabbit Usa-chan because we call the animal *Usagi* in Japanese.
　私たちは日本語でその動物をウサギと呼ぶので，私はこのウサギをうさちゃんと呼ぼうと思います。

❷ I will call this robot Ben because it looks like my friend Ben.
　友だちのベンに似ているので，私はこのロボットをベンと呼ぼうと思います。

❸ I will call this day Very Good Day because we can read 11 as "*ii*(good)".
　私たちは11を「いい」と読むことができるので，私はこの日を「とてもいい日」と呼ぼうと思います。

単語・語句 QR
- Alexander [アレグ**ザン**ダァ] 名 アレクサンダー(男子の名)
- Alex [**ア**レックス] 名 アレックス(男子の名)
- Nancy [**ナン**スィ] 名 ナンシー(女子の名)
- Will [**ウィ**ル] 名 ウィル(男子の名)
- Elizabeth [イ**リ**ザバス] 名 エリザベス(女子の名)
- Beth [**ベ**ス] 名 ベス(女子の名)
- William [**ウィ**リャム] 名 ウィリアム(男子の名)

 ① **表現例**
Try　(例：A -3) I want to see my grandfather very much because I like talking with him.
　　　祖父と話すのが好きなので，私は祖父にとても会いたいです。

2 「だれかを眠くさせる」などと言えるようになろう。 **QR**

Scenes の意味

A: 亜美, 起きなさい。	A: なぜそんなに眠いのですか。
B: まあ, 眠りこんでしまいました。	B: 暖かい天気のせいで眠いのです。

「(人)を…(の状態)にする」 **と言うときは…**

The warm weather **makes** *me* **sleepy**.
「する」

makeのあとにme「私を」(人), sleepy「眠い」(形容詞)
の順で続けるよ。sleepyはmeの状態を表すよ。

ポイント!

形	〈make+～(人など)+…(形容詞)〉
意味	「～を…(の状態)にする」

この形になるmake以外の動詞!

・keep「～を…(の状態)にしておく」

My mother always **keeps** *the kitchen* **clean**.　私の母はいつも台所をきれいにしておきます。

cleanはthe kitchenの状態を表すよ。

・leave「～を…のままにしておく」

You mustn't **leave** *the window* **open**.　あなたは窓を開けたままにしておいてはいけません。

openはthe windowの状態を表すよ。

Listen 純たちの対話を聞き，内容に合う絵と語を選びましょう。 **QR**

❶ (　　/　　)　❷ (　　/　　)　❸ (　　/　　)

ア．happy　　イ．excited　　ウ．sleepy

対話文　QR

❶ *Girl*: Do you like watching basketball, Jun?　あなたはバスケットボールを見るのが好きですか，純。

　Jun: Yes. It often makes me excited.　はい。それはしばしば私を興奮させます。

❷ *Girl*: Jun, what did you do last Sunday?　純，この前の日曜日，あなたは何をしましたか。

　Jun: I saw a movie. It made me sleepy.　私は映画を見ました。それは私を眠くさせました。

❸ *Girl*: Jun, what dessert do you like?　純，あなたはどんなデザートが好きですか。

　Jun: I like ice cream very much. It makes me happy.

　　　　私はアイスクリームがとても好きです。それは私を幸せにします。

Speak & Write おもしろかったり，悲しいと思ったりすることを表現しましょう。

（例）①Watching movies sometimes [always] makes me ②happy.

例文の訳

映画を見ることはときどき［いつも］私を幸せにします。

解答例

・①Eating sweets always makes me ②excited.　①甘いものを食べることはいつも私を②わくわくさせます。

・①Playing sports sometimes makes me ②tired.　①スポーツをすることはときどき私を②疲れさせます。

・①Running always makes me ②hungry.　①走ることはいつも私を②空腹にします。

単語・語句　QR

□ wake [ウェイク] 動 目が覚める，起きる　　　□ *wake up* 起きる，目を覚ます

(p.44より)

発音クリニック

1. 日本語の「ア」のように聞こえる音

　[æ] lack [ラック], nap [ナップ], have [ハヴ]

　[ʌ] lunch [ランチ], much [マッチ], enough [イナフ]

2. 日本語の「ア」または「オ」のように聞こえる音

　[ɑ] hot [ハット], got [ガット], want [ワント], lot [ラット]

3. 「ア」を弱く，あいまいに発音する音

　[ə] ago [アゴウ], again [アゲン], about [アバウト], away [アウェイ]

3 「だれかに〜させる」などと言えるようになろう。 **QR**

Scenes の意味

A: 私は今日，とても疲れました。 B: もっと休むべきです。	A: はい。今夜は早く寝るつもりです。 B: 温かい牛乳を飲めばぐっすり眠れますよ。

「〜を…させる」	と言うときは…

Hot milk | **makes** | *you* | **sleep** | well.
「させる」

> makeのあとに，目的語you, 動詞の原形sleepの順で続けるよ。
> youとsleepは「あなたが眠る」という主語と述語の関係だよ。

ポイント！

形	〈make＋目的語＋動詞の原形〉
意味	「〜に…させる」

『この形になるmake以外の動詞！』

・let「〜が…するのを許す，〜に…させてやる」

My father **let** *me* **go** to the concert.　父は私がコンサートに行くのを許してくれました。

> 「私が行く」という関係になっているよ。

・help「〜が…するのを手伝う」

I **helped** *Nancy* **carry** her bag.　私はナンシーが彼女のかばんを運ぶのを手伝いました。

> 「ナンシーが運ぶ」という関係になっているよ。

Listen　サムと久美の3つの対話を聞き，正しいものには〇をつけましょう。

❶ The movie made Sam cry.　　　　（　　　）
❷ The comic book made Sam laugh.　（　　　）
❸ Sam helped his mother bake a cake.　（　　　）

解答
❶, ❷

対話文 QR

❶ *Kumi:* How was the movie, Sam?　映画はどうでしたか，サム。
　 Sam: It was a sad movie. It made me cry.　それは悲しい映画でした。それは私を泣かせました。

❷ *Sam:* Jun lent me a comic book. It made me laugh.
　　　　　純は私にマンガの本を貸しました。それは私を笑わせました。
　 Kumi: That's nice. Can I read it?　それはいいですね。私がそれを読んでもいいですか。

❸ *Kumi:* What did you do last Saturday?　あなたはこの前の土曜日，何をしましたか。
　 Sam: I helped my mother wash her car and helped my father bake a cake.
　　　　　私は母が車を洗うのを手伝い，父がケーキを焼くのを手伝いました。

Speak & Write　自分が笑ったり泣いたりするものについて友だちに伝えましょう。
　　　　　　　　　　　の部分は自由に変えましょう。

（例）*A:* What makes you smile?
　　 B: My dog makes me smile.

例文の訳

A: 何があなたをほほえませますか。
B: 私のイヌが私をほほえませます。

解答例

・*A:* What makes you cry?　何があなたを泣かせますか。
　B: This song makes me cry.　この歌が私を泣かせます。

・*A:* What makes you laugh a lot?　何があなたを大笑いさせますか。
　B: This comic book makes me laugh a lot.　このマンガが私を大笑いさせます。

単語・語句 QR
□ rest [レスト] 名 休息，休養
□ laugh [ラフ] 動 笑う
□ bake [ベイク] 動 （菓子などを）焼く
□ *get rest* 休む

Challenge! 解答 (p.44)
1 (1) I don't know where you live.　(2) Do you know who painted the picture?
　 (3) Please tell me why she is crying.
2 (1) tells me, is　(2) told, that, was

Think

1 真央とダニエルがバスケットボールについて話をしています。 **QR**

Mao: ❶ I watched a B.LEAGUE game yesterday.
私は 見ました　Bリーグの試合を　　　　昨日

Daniel: ❷ What's the B.LEAGUE?
Bリーグとは何ですか

Mao: ❸ It's the Japanese professional basketball
それは日本のプロのバスケットボールリーグです

〈主語＋call＋〜（人など）＋...（名詞）〉の文。itは❸のthe Japanese professional basketball league「日本のプロバスケットボールリーグ」をさしている。

league. ❹ We call it the B.LEAGUE.
リーグ　　　　私たちは 呼びますそれを Bリーグと

Daniel: ❺ I see. ❻ When I was in the U.S., I often
そうですか　　私がいたとき　アメリカ合衆国に　私は しばしば

watched NBA games.
見ました　NBAの試合を

本文の意味

真央：❶私は昨日，Bリーグの試合を見たの。

ダニエル：❷Bリーグって何？

真央：❸日本のプロのバスケットボールリーグよ。❹私たちはそれをBリーグって呼ぶの。

ダニエル：❺そうなんだ。❻ぼくはアメリカにいたとき，よくNBAの試合を見たよ。

真央：❼バスケットボールはアメリカで生まれたのよね？

ダニエル：❽そうだよ。❾アメリカでは，スポーツの王様って呼ぶ人もいるよ。❿みんなは試合だけではなく，ハーフタイムショーも楽しむんだ。

真央：⓫いつかアメリカでNBAの試合を見たいなあ！

ザ　キング　アヴ　スポーツ　　　ピープル　　インヂョイ

Mao: ❼ Basketball was born in the U.S., wasn't it?

バスケットボールは　生まれました　アメリカ合衆国で　でしたよね

> 「～でしたよね」と確認している。

Daniel: ❽ Yes. ❾ In the U.S., some people call it
はい　　　アメリカ合衆国では　何人かの人々は　　呼びます それを

> 〈主語＋call＋～（人など）＋…（名詞）〉の文。itは❼のBasketball「バスケットボール」をさしている。

the king of sports. ❿ People enjoy
スポーツの王と　　　　　　人々は　　楽しみます

not only the games but also the half-time
試合だけでなくハーフタイムショーもまた

shows.

Mao: ⓫ I want to watch an NBA game in the U.S.
私は 見たいです　　　　NBAの試合を　　アメリカ合衆国で

someday!
いつか

---

 ① What do people enjoy at NBA games?
NBAの試合では，人々は何を楽しみますか。

② Has Daniel ever watched a B.LEAGUE game?
ダニエルはBリーグの試合を見たことがありますか。

---

  ❶ They enjoy the games and the half-time shows. [They enjoy not only the games but also the half-time shows.]
彼らは試合とハーフタイムショーを楽しみます。[彼らは試合だけでなくハーフタイムショーもまた楽しみます。]

❷ No, he hasn't. (He asked Mao, "What's the B.LEAGUE?")
いいえ，ありません。(彼は真央に「Bリーグとは何ですか。」とたずねました。)

(単語・語句はp.54へ)

2 ダニエルはバスケットボールの誕生について調べました。 **QR**

> was invented は〈be動詞＋過去分詞〉の形。a P.E. teacher が行為者を表している。

❶ Basketball was invented by a P.E. teacher
バスケットボール　　ワズ　　インヴェンティド　バイ　ア　ピーイー　ティーチャ
バスケットボールは　　　発明されました　　　1人の体育の先生によって

in Massachusetts in 1891.
イン　マサチューセッツ　　イン　ナインティワン
マサチューセッツの　　　1891年に

❷ During the cold
デュリング　ザ　コウルド
寒い冬の間に

winters, the students couldn't enjoy sports outside.
ウィンタァズ　ザ　ステューデンツ　クドゥント　インヂョイ　スポーツ　アウトサイド
生徒たちは　　　　楽しむことができませんでした　スポーツを　外で

> so のあとは〈主語＋name＋〜(人など)＋…(名詞)〉の文。

❸ He created a new indoor sport for them.
ヒー　クリエイティド　ア　ニュー　インドー　スポート　フォー　ゼム
彼は　作り出しました　新しい屋内のスポーツを　彼らのために

❹ They
ゼイ
彼らは

used peach baskets as goals, so they named
ユーズド　ピーチ　バスケッツ　アズ　ゴウルズ　ソウ　ゼイ　ネイムド
使いました　桃のかごを　　ゴールとして　それで彼らは　名づけました

the sport basketball.
ザ　スポート　バスケットボール
そのスポーツを　　バスケットボールと

本文の意味

❶バスケットボールは1891年にマサチューセッツの1人の体育の先生によって発明されました。❷寒い冬の間，生徒たちは外でスポーツを楽しむことができませんでした。❸先生は生徒たちのために新しい屋内のスポーツを作り出しました。❹彼らはゴールとして桃のバスケットを使い，それでそのスポーツをバスケットボールと名づけました。

❺実は，最初のバスケットボールの試合で，1人の日本人の生徒がプレーしました。❻その生徒はこの試合の絵も描きました。❼体育の先生はバスケットボールを紹介するための報告書でその絵を使いました。❽この報告書のおかげで，そのスポーツはアメリカで有名になりました。

(p.53より)

単語・語句 **QR**

- □ B.LEAGUE [ビーリーグ] 名 ビー・リーグ(日本の男子プロバスケットボールリーグ)
- □ league [リーグ] 名 競技連盟，リーグ
- □ NBA [エンビーエィ] 名 全米プロバスケットボール協会(＝National Basketball Association)
- □ born [ボーン] 動 (be born で)生まれる
- □ half-time [ハフタイム] 名 (試合などの)ハーフタイム，休憩
- □ *not only 〜 but also …* 〜だけでなく…も(また)

❺ イン ファクト ア ヂャパニーズ ステューデント プレイド イン ザ ファースト
In fact, a Japanese student played in the first
実際は　　　1人の日本人の生徒が　　　　プレーしました 最初のバスケットボールの

バスケットボール ゲイム ザ ステューデント オールソウ ドゥルー ア ピクチャ
basketball game. ❻ The student also drew a picture
試合で　　　　　その生徒は　　　　　さらに　描きました この試合の絵を

アヴ ズィス ゲイム ザ ピーイー ティーチャ ユーズド イット イン ザ
of this game. ❼ The P.E. teacher used it in the
　　　　　　　　体育の先生は　　　　　　使いました それを報告書で

リポート トゥー イントゥデュース バスケットボール ズィス リポート メイド
report to introduce basketball. ❽ This report made
　　　　バスケットボールを紹介するための　　　この報告書は　　　しました

ザ スポート フェイマス イン ザ ユーエス
the sport famous in the U.S.
そのスポーツを　有名に　　アメリカ合衆国で

❻の日本人の生徒が描いたバスケットボールの試合の絵をさしている。

〈主語＋make＋〜（人など）＋…（形容詞）〉の文。

① Why did the P.E. teacher invent basketball?
なぜ体育の先生はバスケットボールを発明したのですか。

② What did the P.E. teacher use to introduce basketball?
体育の先生はバスケットボールを紹介するために何を使いましたか。

(解答例) ❶ Because the students couldn't enjoy sports outside during the cold winters.
生徒たちが寒い冬の間に外でスポーツを楽しむことができなかったからです。

❷ He used a picture of the first game.
彼は最初の試合の絵を使いました。

単語・語句 QR

□ Massachusetts ［マサ**チュ**ーセッツ］图 マサチューセッツ（アメリカの州）

□ create(d) ［クリ**エ**イト（クリ**エ**イティド）］動 作り出す，生み出す

□ indoor ［**イン**ドー］形 屋内の，室内の

□ outdoor ［**アウト**ドー］形 戸外の，野外の

□ drew ［ドゥ**ルー**］動 draw（描く）の過去形

□ report ［リ**ポ**ート］图 報告(書)，レポート

② (表現例)
I call my brother Sho-chan because his name is Shoji.
名前が祥二なので，私は兄［弟］を祥ちゃんと呼びます。

55

3 数日後，ダニエルはカナダにいる美希にメールを送りました。 **QR**

❶ Hello Miki,
こんにちは 美希

❷ How is your life in Canada?
あなたの生活はどうですか　カナダでの

❸ Thanks for
送ってくれてありがとう

〈主語＋make＋人など＋動詞の原形〉の文。
Itは❸のthe comic book「マンガの本」をさしている。

sending me the comic book.
私に　マンガの本を

❹ It made me laugh
それは 私を笑わせました

a lot.
たくさん

❺ I went to see a professional basketball game
私は 見に行きました　　プロのバスケットボールの試合を

yesterday.
昨日

❻ It was amazing.
それは すばらしかったです

❼ The arena
試合場は

試合場いっぱいのファンをさしている。

was full of fans, and sometimes they got very
ファンでいっぱいでした　そして ときどき　彼らは　とても興奮しました

excited.
私は 知りませんでした

❽ I didn't know basketball was so popular
　　　　　　　　　バスケットボールがそんなに人気があることを

here in Japan.
ここ日本で

本文の意味

❶こんにちは，美希。

❷カナダでの生活はどうですか。❸ぼくにマンガの本を送ってくれてありがとう。❹それを読んでぼくは大笑いしました。

❺ぼくは昨日，プロのバスケットボールの試合を見に行きました。❻すばらしかったです。❼試合場はファンでいっぱいで，ときどき彼らはとても興奮しました。❽ここ日本でバスケットボールがそんなに人気があるとは知りませんでした。

❾今度の週末，ぼくたちは最後の市のバスケットボールトーナメントがあります。❿ぼくはベストを尽くします。

⓫幸運を祈ってください！

⓬あなたの友だち，

⓭ダニエルより

ウィー　ハヴ　　ザ　ファイヌル スィティ バスケットボール　　　トゥアナマント
❾ We have the final city basketball tournament
私たちには あります　最後の市のバスケットボールトーナメントが

ネクスト　ウィーケンド　　　　　アイル ドゥー マイ　　ベスト
next weekend. ❿ **I'll do my best.**
今度の週末に　　　　　　　　　私はベストを尽くそうと思います

ウィッシュ　ミー　ラック
⓫ Wish me luck!
私に幸運を祈ってください

> 「うまくいくように応援
> してね」という意味合い
> の決まり文句。

ユア　　　　フレンド
⓬ Your friend,
あなたの友だち

ダニアル
⓭ Daniel
ダニエルより

---

① What did Daniel receive from Miki?
　ダニエルは美希から何を受けとりましたか。

② Did Daniel watch the professional basketball game on TV yesterday?
　ダニエルは昨日，テレビでプロのバスケットボールの試合を見ましたか。

---

  ❶ He received the [a] comic book from her.
　彼は彼女からマンガの本を受けとりました。

❷ No, he didn't. He went to the arena to see it.
　いいえ，見ませんでした。彼はそれを見に試合場に行きました。

単語・語句 `QR`

□ arena [アリーナ] 名 (周囲に観覧席のある)　　□ luck [ラック] 名 幸運
　競技場，試合場　　　　　　　　　　　　　　□ *Wish me luck.*　幸運を祈ってください。
□ final [ファイヌル] 形 最後の，最終の
□ tournament [トゥアナマント] 名 トーナメン
　ト，勝ち抜き試合

---

 ③ 表現例

Try I have an important person, Miki. She makes me happy when I talk with her.
私には美樹という大切な人がいます。私が彼女と話すとき，彼女は私を幸せにします。

Retell

● ● ● ● ● ● ● ● ● ● ●

❷

☐ NBA　　☐ basketball　　☐ the king of sports

表現例

・Daniel often watched NBA games when he was in the U.S.

ダニエルはアメリカ合衆国にいたとき，しばしばNBAの試合を見ました。

・In the U.S., some people call basketball the king of sports.

アメリカ合衆国では，バスケットボールをスポーツの王と呼ぶ人たちもいます。

☐ invented　　☐ a P.E. teacher　　☐ a Japanese student　　☐ drew a picture

表現例

・Basketball was invented by a P.E. teacher in Massachusetts in 1891.

バスケットボールは1891年にマサチューセッツの１人の体育の先生によって発明されました。

・A Japanese student drew a picture of the first basketball game.

１人の日本人の生徒が，最初のバスケットボールの試合の絵を描きました。

☐ Miki　　☐ email　　☐ a professional basketball game

表現例

・Daniel sent an email to Miki in Canada.

ダニエルはカナダにいる美希にメールを送りました。

・Daniel went to see a professional basketball game.

ダニエルはプロのバスケットボールの試合を見に行きました。

Interact

1 Let's Think of a Unique Name.

例文と訳

A: I'll name this baby Lionel. He looks cute, but he is strong like a lion in my story.

私はこの赤ちゃんをライオネルと名づけようと思います。かわいく見えますが，私の物語では彼はライオンのように強いです。

B: I see. In my story, this baby has super powers. So I'll name him Tsuyoshi.

なるほど。私の物語では，この赤ちゃんは超強力な力を持っています。だから私は彼を強と名づけようと思います。

2 This Makes Me Excited.

例文と訳

A: What makes you worried?　何があなたを心配させるのですか。

B: Homework, especially math. Our teacher gives us a lot of homework every week. That makes me cry.

宿題です，特に数学です。私たちの先生は毎週たくさんの宿題を出します。それは私を泣かせます。

表現例

A: What makes you happy?　何があなたを幸せにするのですか。

B: This movie. It's comedy. That makes me laugh.

この映画です。コメディーです。それは私を笑わせます。

単語・語句 QR

□ Lionel ［ライアヌル］ 名 ライオネル（架空の人名）

□ baby ［ベイビィ］ 名 赤ん坊，赤ちゃん

□ super ［スーパァ］ 形 超強力な

□ power(s) ［パウア（ズ）］ 名 力

□ especially ［イスペシャリィ］ 副 特に

□ angry ［アングリィ］ 形 怒った

□ comfortable ［カンフタブル］ 形 心地よい

□ *every week* 毎週

59

英語のしくみ

1 〈主語＋動詞＋目的語＋補語(名詞／形容詞)〉　例文と訳

1.「～を…と呼ぶ[名づける]」と言うとき

・We call the dog Pochi.　私たちはそのイヌをポチと呼びます。

・We named the cat Tama.　私たちはそのネコをタマと名づけました。

2.「～を…(の状態)にする」と言うとき

・Miki's letters always make me happy.　美希の手紙はいつも私を幸せにします。

・You have to keep your room clean.　あなたはあなたの部屋をきれいにしておかなければなりません。

・Don't leave the door open.　そのドアを開けたままにしておいてはいけません。

Challenge!

日本文に合う英文になるように，(　　)内の語句を並べかえましょう。

(1)私はこのウサギをピーターと呼びます。　(Peter / call / I / this rabbit).

(2)彼女は赤ちゃんを圭と名づけました。　(named / Kei / her baby / she).

(3)その歌は私を興奮させます。　(excited / that song / me / makes).

(4)この部屋を暖かくしておいてください。　(this room / keep / warm / please).

2 〈主語＋動詞＋目的語＋動詞の原形〉　例文と訳

1.「～が…するのを許す，～に…させてやる」と言うとき

・Shinji let me use his computer.　真司は私に彼のコンピュータを使わせてくれました。

・Let me know your phone number.　私にあなたの電話番号を教えてください。

2.「～に…させる」と言うとき

・My mother made me drink milk.　母は私に牛乳を飲ませました。

・My brother always makes people laugh.　私の兄[弟]はいつも人々を笑わせます。

3.「～が…するのを手伝う」と言うとき

・I helped my father wash the dishes.　私は父が皿を洗うのを手伝いました。

・We will help you clean the room.　私たちはあなたが部屋を掃除するのを手伝おうと思います。

Challenge!

日本文に合う英文になるように，(　　)に適する語を書きましょう。

(1)母は私がテレビゲームをするのを許してくれませんでした。

My mother didn't (　　　) (　　　) (　　　) the video game.

(2)私は弟に自転車を洗わせました。

I (　　　) (　　　) (　　　) (　　　) my bike.

(3)ナンシーは私たちが宿題をするのを手伝ってくれました。

Nancy (　　　) (　　　) (　　　) our homework.

(Challenge!の解答はp.63)

60

1 英文 QR

Let me tell you about the field trip on June 20. As you know, we are planning to go to Green Park.

You can enjoy sports such as soccer, softball, basketball, and volleyball there. You have to choose two sports to play in the next meeting. Which ones do you want to play? Please decide by then.

6月20日の遠足についてお話しします。ご存じのように，私たちは緑公園へ行くことを計画しています。

みなさんはそこでサッカー，ソフトボール，バスケットボール，そしてバレーボールのようなスポーツを楽しむことができます。みなさんは今度の集まりで，するスポーツを2つ選ばなければなりません。どのスポーツをしたいですか。そのときまでに決めてください。

> • field trip　遠足
> • June 20　6月20日
> • Green Park　緑公園
> • soccer, softball, basketball, volleyball　サッカー，ソフトボール，バスケットボール，バレーボール
> • choose two　2つ選ぶ
> • next meeting　今度の集まり

2

① 英文 QR

Teacher: Our field trip is just around the corner. We are going to visit the National Art Museum this Saturday. You can see a lot of famous paintings there. You have already chosen your favorite artist. Find your artist's paintings and write a report about them. You have to hand it in by next Friday.

私たちの遠足が近づいています。今度の土曜日に国立美術館を訪れる予定です。みなさんはそこでたくさんの有名な絵を見ることができます。みなさんはすでに大好きな画家を選びました。みなさんの（選んだ）画家の絵を見つけて，それについてレポートを書いてください。次の金曜日までにそれを提出しなければなりません。

解答
- field trip (What①)
- this Saturday (When①)
- write a report (What③)
- the National Art Museum (Where)
- famous paintings (What②)
- by next Friday (When②)
- favorite artist (Who)

単語・語句 QR

- □ softball [ソーフトボール] 名 ソフトボール
- □ National Art Museum [ナショヌル アートミューズィーアム] 名 (theをつけて)国立美術館(架空の美術館の名)
- □ painting(s) [ペインティング(ズ)] 名 絵，絵画
- □ *as you know*　ご存じのように
- □ *just around the corner*　間近に，近づいて
- □ *hand in ~*　~を提出する

1

本人のスピーチ 英文 QR

John: Hi, everyone. I'm Nakahama Manjiro. Americans call me John Mung. Today I'm happy to tell you that I've come back from the U.S. When I was fourteen, a strong wind took our fishing boat to the middle of the ocean. However, I was lucky that an American ship saved me. I lived in the U.S. for 10 years. I'm back now, so I want to help people by using English. Please let me know if you need my help. Thank you.

こんにちは，みなさん。私は中浜万次郎です。アメリカ人は私をジョン・マンと呼びます。今日，私はアメリカ合衆国からもどってきたことをみなさんに伝えられてうれしいです。私が14歳のとき，強風が私たちの漁船を海の真ん中へ運びました。しかし，アメリカの船が私を救ってくれたので，私は幸運でした。私は10年間アメリカ合衆国で暮らしました。私は今，もどってきたので，英語を使うことによって人々の役に立ちたいと思っています。私の助けが必要なら，私に知らせてください。ありがとうございました。

記者からのQ&A 対話文

Interviewer: How long were you in the ocean? あなたはどのくらいの間，海にいたのですか。

John: Well, I was there for five days. I reached an island after that. There was no one. I survived there for about five months.

そうですね，私はそこに5日間いました。私はその後，島に着きました。だれもいませんでした。私は約5か月間そこで生き延びました。

Interviewer: What did you enjoy the most while you were in the U.S.?

アメリカ合衆国にいる間に，あなたは何をいちばん楽しみましたか。

John: It is difficult to choose one, but I enjoyed fashion the most. Americans taught me how to dress up. Do I look cool?

1つを選ぶのは難しいですが，私はファッションをいちばん楽しみました。アメリカ人は私に着飾る方法を教えてくれました。私はかっこよく見えますか。

(1) 解答例

・ジョン万次郎の言っていたこと

　・アメリカ人は自分のことをジョン・マンと呼ぶ。

　・14歳のときに強風で漁船が海の真ん中に流されたが，アメリカの船に助けられた。

　・アメリカ合衆国で10年暮らした。

　・英語を使って人々の役に立ちたい。

・記者の質問内容

　・どのくらい海上にいたか。

　・アメリカ合衆国にいる間に何をいちばん楽しんだか。

単語・語句 QR

(教科書p.40)

□ John Mung [**ヂャン マ**ング] 图 ジョン・マン(人名)(ジョン万次郎の愛称)

□ wind [**ウィ**ンド] 图 風

□ boat [**ボ**ウト] 图 船, ボート

□ middle [**ミ**ドゥル] 图 真ん中

□ ocean [**オ**ウシャン] 图 大洋, 海

□ interviewer [**イ**ンタービューア] 图 インタビューする人, インタビュアー

□ island [**ア**イランド] 图 島

□ survive(d) [サ**ヴァ**イヴ(ド)] 動 生き延びる

□ fashion [**ファ**シャン] 图 ファッション, 流行

□ dress [ド**ゥレ**ス] 動 服を着る

□ *dress up* 着飾る

(教科書p.41)

□ support [サ**ポー**ト] 图 支援, 支え 動 支援する

(教科書p.43)

□ speaker [ス**ピー**カァ] 图 話し手, 話者

□ chose [**チョ**ウズ] 動 choose(選ぶ)の過去形

Challenge! 解答 (p.60)

1 (1) I call this rabbit Peter.　　(2) She named her baby Kei.

(3) That song makes me excited.　　(4) Please keep this room warm.

2 (1) let me play　　(2) made my brother wash　　(3) helped us do

この話は，実際にあったことをもとに書かれた物語です。どんなことがあったのでしょうか。 **QR**

> There are ～.の過去の文。上野動物園にいた動物について述べている。

QR 1

❶ Many years ago, there were three wonderful elephants at the Ueno Zoo.
（何年も前に　いました　3頭のすばらしいゾウが　上野動物園に）

❷ The elephants were John, Tonky, and Wanly.
（そのゾウたちは　でした　ジョン，トンキー，そしてワンリー）

> ❷の3頭のゾウ（John, Tonky, Wanly）をさしている。

❸ They could do tricks.
（彼らは　することができました　芸を）

❹ Visitors to the zoo loved to see their tricks.
（動物園の来園者は　大好きでした　見ることが　彼らの芸を）

> was gettingは〈be動詞の過去形＋動詞の-ing形〉で，過去進行形。「～していた」という意味。

2

❺ Japan was at war then.
（日本は　戦争中でした　そのころ）

❻ Little by little the situation was getting worse.
（少しずつ　状況は　悪化しつつありました）

❼ Bombs were dropped on Tokyo every day.
（爆弾が　落とされました　東京に　毎日）

本文の意味

1 ❶何年も前に，上野動物園に3頭のすばらしいゾウがいました。❷そのゾウたちはジョン，トンキー，そしてワンリーでした。❸彼らは芸をすることができました。❹動物園の来園者は彼らの芸を見るのが大好きでした。

2 ❺そのころ，日本は戦争中でした。❻少しずつ状況は悪化しつつありました。❼爆弾が毎日東京に落とされました。

3 ❽「もし爆弾が動物園に命中したら，危険な動物が逃げ出し，人々に害を与えるだろう。」と陸軍は言いました。❾そこで陸軍は動物園に，たとえばライオン，トラ，クマなどの危険な動物をすべて殺すように命じました。

❸ ❽ "If bombs hit the zoo, dangerous animals
　 イフ バムズ ヒット ザ ズー ディンヂラス アナマルズ
　 もし爆弾が命中したら 動物園に 危険な動物が

will get away and harm people," said the Army.
ウィル ゲッタウェイ アンド ハーム ピープル セッド ズィ アーミィ
逃げ出すでしょう そして 害を与える 人々に 言いました 陸軍は
　　　　　　　　　　　（でしょう）

❾ So it ordered the zoo to kill all the dangerous
ソウ イット オーダァド ザ ズー トゥー キル オール ザ ディンヂラス
それでそれは 命令しました 動物園に 殺すように すべての危険な動物を

animals such as lions, tigers, and bears.
アナマルズ サッチ アズ ライアンズ タイガァズ アンド ベアズ
たとえばライオン, トラ, そしてクマなどの

> 〈ask ～ to + 動詞の原形〉と同じ形。〈order ～ to + 動詞の原形〉で「～に…するように命じる」という意味。
> itは ❽ のthe Army「陸軍」をさしている。

Check **解答例**

・来園者は3頭のゾウたちの何を楽しみにしていたでしょうか。

　芸を見ること。

・the situation was getting worse (本文❻)とは具体的にどういうことでしょうか。

　爆弾が毎日東京に落ちた。

・陸軍は動物園に何を命令したのでしょうか。

　(爆弾が動物園に落ちると, 動物が逃げ出して人々に危害を加えるので,)動物たちを殺処分すること。

Guess **解答例**

・陸軍の命令を受けたとき, 動物園の人はどのように思ったでしょうか。

　とてもつらい気持ちになった　など

単語・語句

- □ faithful [フェイスフル] 形 忠実な
- ❶□ Tonky [タンキィ] 名 トンキー(ゾウの名)
- □ Wanly [ワンリィ] 名 ワンリー(ゾウの名)
- □ visitor(s) [ヴィズィタァ(ズ)] 名 来園者, 訪問者
- □ *do a trick* 芸をする
- ❷□ worse [ワース] 形 bad(悪い)の比較級
- □ *little by little* 少しずつ
- □ *get worse* 悪化する
- ❸□ harm [ハーム] 動 害を与える, 傷つける
- □ Army [アーミィ] 名 (theをつけて)陸軍
- □ kill [キル] 動 殺す
- □ *get away* 逃げ出す

It is time to ～.で、「～
する時です」という意味
を表す。toのあとには動
詞の原形がくる。このIt
は日本語に訳さない。

QR **4** **❶** スーン イットワズ タイム トゥー キル ザ スリー エラファンツ
Soon, it was time to kill the three elephants.
まもなく 殺す時になりました 3頭のゾウを

ザ ズーキーパァズ ディッド ナット ワントゥー キル ゼム バット
❷ The zookeepers did not want to kill them, but
動物園の飼育係は 殺したくありませんでした 彼らを しかし

ゼイ ハットゥー ファロウ ズィ オーダァ ゼイ スターティド ウィズ
they had to follow the order. **❸** They started with
彼らは 従わなければなりません 命令に 彼らは ジョンから始めました
でした

チャン
John.

5 **❹** チャン ラヴド パテイトウズ ソウ ゼイ ゲイヴ ヒム
John loved potatoes, so they gave him
ジョンは 大好きでした ジャガイモが それで 彼らは 与えました 彼に

potatoesのくり返しを
避けるために使われてい
る。

ポイズンド パテイトウズ タゲザァ ウィズ グッド ワンズ バット
poisoned potatoes together with good ones. **❺** But
毒入りのジャガイモを よいジャガイモといっしょに しかし

チャン ワズ ソウ クレヴァ ザット ヒー エイト オウンリィ ザ グッド
John was so clever that he ate only the good
ジョンは あまりに賢かったので 彼は 食べま よいジャガイモだけを
した

パテイトウズ
potatoes.

本文の意味

4 **❶**まもなく，3頭のゾウを殺す時が来ました。**❷**動物園の飼育係は彼らを殺したくありませんでしたが，命令に従わなければなりませんでした。**❸**彼らはジョンから始めました。

5 **❹**ジョンはジャガイモが大好きだったので，彼らはジョンによいジャガイモといっしょに毒入りのジャガイモを与えました。**❺**しかしジョンはあまりに賢かったので，よいジャガイモしか食べませんでした。**❻**それから，彼らはジョンに注射をしようとしました。**❼**しかし，ジョンの皮ふはあまりにも固すぎて，注射針が貫通しませんでした。

6 **❽**ついに，彼らはジョンに食べ物を与えるのをやめることにしました。**❾**かわいそうなジョンは17日後に死にました。

❻ ゼン ゼイ トゥライド トゥー ギヴ ヒム アニンヂェクション
Then they tried to give him an injection.
それから 彼らは 与えようとしました 彼に 注射を

❼ バット
But
しかし

> to 以下のことができないのはthe needles「注射針」。

チャンズ スキン ワズ トゥー ハード フォー ザ ニードゥルズ
John's skin was too hard for the needles
ジョンの皮ふは あまりにも固すぎました 注射針が

トゥー ゴウ スルー
to go through.
貫通するには

> 〈stop＋動詞の-ing形〉の形。「～するのをやめる」という意味。この動詞の-ing形は動名詞。

6 ❽ ファイナリィ ゼイ ディサイディド トゥースタップ ギヴィング ヒム
Finally, they decided to stop giving him
ついに 彼らは 決めました やめることを 与えることを 彼に

エニィ フード プア チャン ダイド イン セヴァンティーン デイズ
any food. ❾ Poor John died in seventeen days.
どんな食べ物も かわいそうなジョンは 死にました 17日後に

> このinは経過時間を表して「～後に」という意味。

Check 解答例

・good ones（本文❹）とはどのような意味ですか。

毒が入っていないジャガイモ

・ジョンを処分するために，飼育係はどのような方法をとりましたか。

毒入りのジャガイモをあげた。／毒を注射しようとした。／食べ物をあげなかった。

・ジョンは食事をとらずにどのくらい生きていましたか。

17日

Guess 解答例

・死んだジョンを見て，飼育係はどのように思ったでしょうか。

助けてあげられなくて申し訳ない気持ちになった　など

単語・語句 QR

❹□ zookeeper(s)［ズーキーパァ（ズ）］图 動物園の飼育係

❺□ poisoned［ポイズンド］形 毒入りの

□ clever［クレヴァ］形 頭がよい，賢い

□ injection［インヂェクション］图 注射

□ skin［スキン］图 皮ふ

□ needle(s)［ニードゥル（ズ）］图 注射針

□ so ~ that ...　あまりに～なので…

□ too ~ for — to ...　—にはあまりにも～すぎて…できない

□ go through　貫通する

❻□ poor［プア］形 かわいそうな

QR ❼ ❶ Then the time came for Tonky and Wanly.
ゼン ザ タイム ケイム フォー タンキィ アンド ワンリィ
それから 時が 来ました トンキーとワンリーの

❷ They always looked at people with loving eyes.
ゼイ オールウェイズ ルッカト ピープル ウィズ ラヴィング アイズ
彼らは いつも 人々を見ました 愛情のこもった目で

❸ They were sweet and gentle-hearted.
ゼイ ワー スウィータンド チェントゥルハーティド
彼らは 思いやりがあり、やさしい心をもっていました

❽ ❹ However, the elephant keepers had to stop
ハウエヴァ ズィ エラファント キーパアズ ハットゥー スタップ
しかし ゾウの飼育係たちは やめなければなりませんでした

> to eatは形容詞的用法の不定詞で，anythingをうしろから修飾している。

giving them anything to eat. ❺ When a keeper
ギヴィング ゼム エニスィング トゥー イート (フ)ウェナ キーパァ
与えることを 彼らに どんな食べ物も 飼育係が歩いたとき

walked by their cage, they stood up and raised
ウォークト バイ ゼア ケイヂ ゼイ ストゥダップ アンド レイズド
彼らのおりのそばを 彼らは 立ち上がりました そして 上げました

their trunks in the air.
ゼア トゥランクス イン ズィ エア
彼らの鼻を 空中に

本文の意味

❼ ❶それから，トンキーとワンリーの時が来ました。❷彼らはいつも人々を愛情のこもった目で見ました。❸思いやりがあり，やさしい心をもっていました。

❽ ❹しかし，ゾウの飼育係たちは，彼らにどんな食べ物も与えることをやめなければなりませんでした。❺飼育係がおりのそばを歩くと，彼らは立ち上がり，鼻を高く上げました。❻食べ物と水をもらいたいと望んでいたので，芸をしたのでした。

❾ ❼動物園のだれもが涙ながらに「もし彼らがもう少し長く生きることができれば，戦争が終わるかもしれないし，彼らは救われるでしょう。」と言いました。

❻ They did their tricks because they were hoping
ゼイ　ディッド ゼア　トゥリックス ビコーズ　ゼイ　ワー　ホウピング
彼らは　しました 彼らの芸を　なぜなら彼らは望んでいたからです

to get food and water.
トゥー ゲット フード アンド ウォータァ
得ることを　食べ物と水を

❾ ❼ Everyone at the zoo said with tears,
エヴリワン　アット ザ　ズー セッド ウィズ ティアズ
動物園のだれもが　言いました 涙ながらに

"If they can live a little longer, the war may end
イフ ゼイ　キャン リヴ　ア リトゥル ローンガァ　ザ ウォー メイ エンド
もし彼らが生きることが　もう少し長く　戦争が　終わるかもしれません
できれば

and they will be saved."
アンド ゼイ ウィル ビー セイヴド
そして 彼らは　救われるでしょう

> willのあとに be saved と〈be動詞＋過去分詞〉の形が続いている。willのあとなので，be動詞の原形beが使われている。

Check 解答例
・トンキーとワンリーは，どのようなゾウでしたか。
　思いやりのあるやさしい心をもったゾウ
・トンキーとワンリーが，鼻を高く上げたのはなぜでしょうか。
　食べ物や水がほしかったから。

Guess 解答例
・トンキーとワンリーを見て，飼育係はなぜ涙を流したのでしょうか。
　トンキーとワンリーが助けを求めているのに，何もすることができなかったから　など

単語・語句 QR
❼□ loving [ラヴィング] 形 愛情のこもった
　□ gentle-hearted [ヂェントゥルハーティド] 形 やさしい心をもった
❽□ keeper(s) [キーパァ（ズ）] 名 飼育係
　□ cage [ケイヂ] 名（動物の）おり
□ stood [ストゥッド] 動 stand（立つ）の過去形《過去分詞形も同形》
□ raise(d) [レイズ（ド）] 動（持ち）上げる
□ trunk(s) [トゥランク（ス）] 名（ゾウの）鼻
❾□ with tears 涙をためて，涙ながらに

QR ⑩ ❶ Tonky and Wanly could no longer move.
タンキィ アンド ワンリィ クッド ノウ ローンガァ ムーヴ
トンキーとワンリーは もはや動くことができませんでした

❷ They lay down on the ground, but their eyes
ゼイ レイ ダウン アン ザ グラウンド バット ゼア アイズ
彼らは 横たわっていました 地面に しかし 彼らの目は

were still beautiful.
ワー スティル ビューダフル
まだ美しかったです

〈to＋動詞の原形〉の形。「～するために」と目的を表す副詞的用法。

⑪ ❸ When an elephant keeper came to see them,
(フ)ウェン アネラファント キーパァ ケイム トゥー スィー ゼム
ゾウの飼育係が来たとき 彼らを見るために

〈look＋形容詞〉の形。トンキーとワンリーの様子が述べられている。

they looked so weak. ❹ He became too sad
ゼイ ルックト ソウ ウィーク ヒー ビケイム トゥー サッド
彼らは とても衰弱して見えました 彼は あまりにも悲しくなりすぎました

to see them again.
トゥー スィー ゼム アゲン
彼らを再び見るには

⑫ ❺ Bombs continued falling on Tokyo.
バムズ カンティニュード フォーリング アン トウキョウ
爆弾は 落ち続けました 東京に

❻ And a few days later, Tonky and Wanly died.
アンダ フュー デイズ レイタァ タンキィ アンド ワンリィ ダイド
そして 数日後 トンキーとワンリーは 死にました

Yukio Tsuchiya (Translated by Tomoko Tsuchiya Dykes): *FAITHFUL ELEPHANTS*
A True Story of Animals, People and War Houghton Mifflin Company

---

本文の意味

⑩ ❶トンキーとワンリーはもはや動くことができませんでした。❷地面に横たわっていましたが，彼らの目はまだ美しいままでした。

⑪ ❸ゾウの飼育係が見にきたとき，トンキーとワンリーはとても衰弱して見えました。❹飼育係はあまりにも悲しくなりすぎて，彼らを再び見ることができませんでした。

⑫ ❺爆弾は東京に落ち続けました。❻そして数日後，トンキーとワンリーは死にました。❼ゾウたちの死体が検査されたとき，胃の中には何も見つけられませんでした ―1滴の水さえも。

⑬ ❽今日，3頭のゾウは上野動物園の慰霊碑の下で，ほかの動物たちといっしょに安らかに眠っています。

❼ (フ)ウェン ズィ エラファンツ バディズ ワー イグザミンド

When the elephants' bodies were examined,
ゾウたちの死体が検査されたとき

〈be動詞＋過去分詞〉の
形。過去の受け身の文。

ナッスィング ワズ ファウンド イン ゼア スタマックス

nothing was found in their stomachs
何も見つけられませんでした　　彼らの胃の中に

ナット イーヴァン ワン ドゥラップ アヴ ウォータァ

―― not even one drop of water.
１滴の水さえ

「１滴の水さえ彼らの胃
の中に見つけられません
でした」ということ。

タデイ ザ スリー エラファンツ レスト イン ピース

⓭ ❽ **Today, the three elephants rest in peace**
今日　　　３頭のゾウは　　　　　　　　　　休息して 安らかに
　　　　　　　　　　　　　　　　　　　　　　　います

ウィズ アザァ アナマルズ アンダァ ザ マニュマント

with other animals under the monument
ほかの動物たちといっしょに　　慰霊碑の下で

アットズィ ウエノ ズー

at the Ueno Zoo.
上野動物園の

 （Guess）（解答例）

・～ but their eyes were still beautiful.（本文❷）の理由として，何が考えられますか。

　　まだ飼育係の人が自分たちを助けてくれるという希望をもっていたから　など

 （Check）（解答例）

・飼育係が見にきたとき，トンキーとワンリーの様子はどうでしたか。

　　とても弱って見えた。

・３頭のゾウたちは現在どこに眠っているのでしょうか。

　　上野動物園の慰霊碑の下

（単語・語句はp.73へ）

3rd Stage

1. 次の文を読み，本文の内容と合っていれば○，違っていれば×を書きましょう。

① During the war, some dangerous animals got away from the Ueno Zoo.　(×)
戦争中，危険な動物の中には上野動物園から逃げ出したものもいました。

② The zookeepers didn't want to kill the three elephants, but they had to.　(○)
動物園の飼育係は3頭のゾウを殺したくありませんでしたが，しなければなりませんでした。

③ When a keeper walked by the elephants' cage, they raised their trunks because they were happy.　(×)
飼育係がゾウたちのおりのそばを歩いたとき，彼らはうれしくて自分の鼻を持ち上げました。

④ Tonky and Wanly became so weak that they could not move any more.　(○)
トンキーとワンリーはとても弱っていたので，もはや動くことができませんでした。

2. 本文の内容と合うように，空所に適する語を選んで書きましょう。

The Ueno Zoo has a sad history of three elephants: John, Tonky, and Wanly. As the war got worse, the Army ①ordered the zoo to kill the dangerous animals there.

The zookeepers started with John. They gave him some ②poisoned potatoes, but clever John ate only the ③good ones. Then they stopped giving him any ④food. He died seventeen days later.

Then it was time for the other two. Tonky and Wanly got very ⑤weak, but they still did tricks. Everyone was very ⑥sad. Today the Ueno Zoo still remembers them.

> food / good / happy / ordered / poisoned / sad / weak

英文の訳

上野動物園には，ジョン，トンキー，そしてワンリーという3頭のゾウの悲しい歴史があります。戦争が悪化したので，陸軍は動物園にそこの危険な動物を殺すように①命じました。

動物園の飼育係はジョンから始めました。彼らはジョンに②毒入りのジャガイモをいくつか与えましたが，賢いジョンは③よいジャガイモしか食べませんでした。それから，彼らはジョンに④食べ物を与えるのをやめました。ジョンは17日後に死にました。

そして，残りの2頭の時となりました。トンキーとワンリーはとても⑤衰弱していましたが，それでもなお芸をしました。だれもがとても⑥悲しみました。今日もなお上野動物園は彼らのことを覚えています。

単語・語句 QR

□ *not ~ any more*　もはや~ない

72

(p.71より)

単語・語句 QR

⑩□ lay [レイ] 動 lie(横たわる)の過去形

□ lie [ライ] 動 横たわる

□ *no longer* 〜 もはや〜しない[ではない]

□ *lie down* 横たわる

⑪□ weak [ウィーク] 形 弱い，衰弱した

⑫□ few [フュー] 形 (*a few*で)少しの，いくつかの

□ ※body, bodies [バディ(ズ)] 名 死体(→教科書p.23 名 体)

□ examine(d) [イグ**ザ**ミン(ド)] 動 検査[試験]する

□ stomach(s) [ス**タ**マック(ス)] 名 胃，おなか

□ *a few* 少しの，いくつかの

⑬□ ※rest [レスト] 動 休息する(→教科書p.30 名 休息，休養)

不良品を交換しよう

1　対話文　'QR

Salesclerk: Hi! May I help you?　こんにちは！　いらっしゃいませ。

Judy: Yes. I bought a jacket here yesterday, but it has a stain on the sleeve. Can I exchange it?

はい。昨日，ここでジャケットを買ったのですが，そでによごれがあります。交換できますか。

Salesclerk: May I look at the receipt and the jacket, please?

レシートとジャケットを見てもよろしいですか。

Judy: Here you are.　はい，どうぞ。

Salesclerk: I'm very sorry. Let me get you a new one now.

大変申し訳ありません。ただ今新しいものをお持ちします。

(解答)

① 洋品店[洋服売り場]など　　② ジャケットの交換

2　対話文と訳

Salesclerk: May I help you?　いらっしゃいませ。

Yoji: Well, I bought a watch here yesterday, but it doesn't work. Can I exchange it?

ええと，昨日ここで腕時計を買ったのですが，動かないんです。交換できますか。

Salesclerk: I'm very sorry. May I look at the receipt and the watch, please?

大変申し訳ありません。レシートと腕時計を見てもよろしいですか。

Yoji: Here you are.　はい，どうぞ。

Salesclerk: Let me exchange it for a good one. Just a minute, please.

よいものと交換させていただきます。少々お待ちください。

3　(解答例)

① *Salesclerk:* May I help you?　いらっしゃいませ。

A: Well, I bought a shirt here yesterday, but it has a hole. Can I exchange it for a new one?

ええと，昨日ここでシャツを買ったのですが，穴が開いているんです。新しいものと交換できますか。

Salesclerk: I'm very sorry. May I look at the receipt and the shirt, please?

大変申し訳ありません。レシートとシャツを見てもよろしいですか。

A: Here you are.　はい，どうぞ。

Salesclerk: Let me exchange it for a good one. Just a minute, please.

よいものと交換させていただきます。少々お待ちください。

② *Salesclerk:* May I help you?　いらっしゃいませ。

A: Well, I bought a camera here yesterday, but the lens was damaged. I'd like to return it.

ええと，昨日ここでカメラを買ったのですが，レンズに傷がありました。返品したいのですが。

Salesclerk: May I look at the receipt and the camera, please?

レシートとカメラを見てもよろしいですか。

A: Here you are.　はい，どうぞ。

Salesclerk: I'm very sorry. Would you like to exchange it for a new one?

　　　　　大変申し訳ありません。新しいものと交換いたしましょうか。

A: No, thank you.　いいえ，結構です。

発音クリニック

●助動詞や代名詞，冠詞，前置詞，接続詞はふつう弱く速く言います。

<u>May</u> <u>I</u> help <u>you</u>?
　助　代　　　　代　　　　　　　　助＝助動詞　代＝代名詞

<u>Can</u> <u>I</u> exchange <u>it</u>?
　助　代　　　　　　　代

<u>May</u> <u>I</u> look <u>at</u> <u>the</u> receipt <u>and</u> <u>the</u> watch, please?
　助　代　　前　冠　　　　　接　冠　　　　　　前＝前置詞　冠＝冠詞　接＝接続詞

単語・語句 **QR**

□ stain ［ステイン］ 名 しみ，よごれ

□ sleeve ［スリーヴ］ 名 そで

□ exchange ［イクス**チェ**インヂ］ 動 交換する

□ receipt ［リ**スィ**ート］ 名 領収書，レシート

□ salesclerk ［**セ**イルズクラーク］ 名 店員

□ lens ［レンズ］ 名 レンズ

□ damage(d) ［**ダ**メッヂ(ド)］ 動 傷つける

□ *May I help you?*　いらっしゃいませ。

□ *Just a minute.*　少々お待ちください。

PROGRAM 4

Sign Languages, Not Just Gestures!

Scenes

● ● ● ● ● ● ● ● ● ● ●

1 今何かをしている人やもののくわしい説明が言えるようになろう。 **QR**

ズィ スィ ザ フォ ウ トゥ アヴ マイ ハイ スクール デイズ
This is a photo of my high school days.

オウ (フ)ウェア アー ユー
Oh, where are you?

アイム スィ ティング ネクスト トゥー ザ ボイ
I'm sitting next to *the boy*
ウェアリング ア レッド キャップ
wearing a red cap.

イズ ズィス ユー ノウ キディング
Is this you?　No kidding!

Scenes の意味

A: これは私の高校時代の写真です。
B: まあ，あなたはどこにいますか。

A: 赤い帽子をかぶっている男の子の隣に座っています。
B: これがあなたなのですか。冗談でしょう。

「〜している男の子」 と説明するときは…

I'm sitting next to *the boy* | wearing a red cap |.

「赤い帽子をかぶっている」

the boy（男の子）のあとに現在分詞
（動詞の-ing形）を伴う語句を置くよ。

ポイント！

| 形 | 〈名詞（人・もの）＋現在分詞（動詞の-ing形）を伴う語句〉 |
| 意味 | 「〜している…（人・もの）」 |

『現在分詞の位置に注意！』

Look at *the* **sleeping** *dog*.　その眠っているイヌを見てください。
　　　　　　「眠っている」┗━┛↑　「イヌ」

現在分詞１語だけで説明を加えるときは名詞の前に置くよ。

Listen　純とアンの対話を聞き，内容に合う人物を記号で答えましょう。 'QR

❶ (　　　　) 　 ❷ (　　　　) 　 ❸ (　　　　)

(解答)
❶ a
❷ c
❸ b

対話文 'QR

❶ *Jun:* Do you see that girl?　あなたはあの女の子が見えますか。

　Ann: Which girl? Do you mean the girl playing badminton?
　　　　どの女の子ですか。バドミントンをしている女の子のことですか。

　Jun: Yes. She's Kana.　はい。彼女が香奈です。

❷ *Jun:* Look at that boy.　あの男の子を見てください。

　Ann: Which boy?　どの男の子ですか。

　Jun: I mean the boy sitting on the bench. He's my cousin.
　　　　ベンチに座っている男の子のことを言っています。彼は私のいとこです。

❸ *Ann:* Who's that boy?　あの男の子はだれですか。

　Jun: Which boy?　どの男の子ですか。

　Ann: I mean the boy reading a book under the tree.
　　　　木の下で本を読んでいる男の子のことを言っています。

　Jun: Oh, he's my brother.　ああ，彼は私の兄[弟]です。

Speak & Write　上の絵の中の動物について，あなたの考えを表現しましょう。

（例）I like the cat sleeping on the bench.

例文の訳

私はベンチで眠っているネコが好き
です。

(解答例)

・I like the cat playing with the ball.　私はボールで遊んでいるネコが好きです。

・I like the dog running with a girl.　私は女の子と走っているイヌが好きです。

(単語・語句，Tryはp.90へ)

2 何かされているもののくわしい説明が言えるようになろう。 **QR**

アイ ライク ユア　シャート グラン(ド)パー
I like your shirt, Grandpa.

サンクス　　　ズィスィ イザ シャート メイド　イン イトゥリィ
Thanks. This is *a shirt* **made in Italy**.

リーリィ　　(フ)ウェン ディヂュー　バイ　イット
Really? When did you buy it?

ウェル フィフティ イアズ　　アゴウ
Well, 50 years ago.

Scenes の意味

A: 私はそのシャツが好きです，おじいちゃん。
B: ありがとう。これはイタリア製のシャツです。

A: ほんとうですか。いつそれを買ったのですか。
B: ええと，50年前です。

「〜されたシャツ」 と説明するときは…

This is *a shirt* │ **made in Italy** │.

「イタリアで作られた」
＝「イタリア製の」

a shirt(シャツ)のあとに過去分詞を伴う語句を置くよ。

ポイント!

形 〈名詞(人・もの)＋過去分詞を伴う語句〉

意味 「〜された…(人・もの)」

『過去分詞の位置に注意!』

Tom bought *a* **used** *car*.　トムは中古車を買いました。
「使われた」　　「車」

過去分詞1語だけで説明を加えるときは名詞の前に置くよ。

Listen あるものについての対話を聞き，内容に合う絵を選びましょう。 QR

❶ (   )   ❷ (   )   ❸ (   )

a.   b.   c.   d.

対話文 QR

❶ A: You have a nice bag.　あなたはすてきなかばんを持っています。

B: Thank you. This is a travel bag made in Italy.　ありがとう。これはイタリア製の旅行かばんです。

❷ A: You have a nice cap.　あなたはすてきな帽子を持っています。

B: Yes. This is a winter cap designed in France.

はい。これはフランスでデザインされた冬の帽子です。

❸ A: What do you have in your bag?　あなたのかばんの中には何がありますか。

B: A cake. This is a cake sold at Tokyo Station.

ケーキです。これは東京駅で売られているケーキです。

Speak & Write 自分の好きな歌手や本，映画などについて表現しましょう。

　　　　　　の部分は自由にかえましょう。

(例) A: Do you know any ①songs ②sung by Stevie Wonder?

B: Yes. I like " Happy Birthday " the best.

[No. Please tell me about them.]

例文の訳

A: あなたはスティービー・ワンダーによって歌われた歌を何か知っていますか。

B: はい。私は『ハッピー・バースデー』がいちばん好きです。[いいえ。私にそれらについて教えてください。]

解答例

・A: Do you know any ①books ②written by Natsume Soseki?

あなたは夏目漱石によって②書かれた①本を何か知っていますか。

B: Yes. I like *Kokoro* the best.　はい。私は『こころ』がいちばん好きです。

・A: Do you know any ①movies ②made by Kurosawa Akira?

あなたは黒澤明によって②作られた①映画を何か知っていますか。

B: Yes. I like *Ikiru* the best.　はい。私は『生きる』がいちばん好きです。

単語・語句 QR

□ design(ed) ［ディザイン(ド)］ 動 デザインする

Think

教科書 p.54

1 ダニエルは友だちから送られてきた動画を真央といっしょに見ています。 QR

Daniel: ❶ Look, Mao. ❷ They're my friends.
❸ That girl is Sophia.

Mao: ❹ Which one is Sophia?

the girl「女の子」に using sign language「手話を使っている」と説明を加えている。

Daniel: ❺ She is the girl using sign language.

Mao: ❻ Oh, can you understand her?

Daniel: ❼ Yes. ❽ She is asking, "How are you?"

本文の意味

ダニエル：❶見て，真央。❷彼らはぼくの友だちだよ。❸あの女の子はソフィアだよ。
真央：❹どっちの女の子がソフィアなの？
ダニエル：❺手話を使っている女の子だよ。
真央：❻まあ，あなたは彼女の言っていることがわかるの？
ダニエル：❼うん。❽彼女は「元気？」と聞いているよ。
真央：❾なるほど。❿手話で気持ちを伝え合うのはすばらしいにちがいないわ。
ダニエル：⓫ぼくもそう思うよ。⓬ソフィアはぼくにASLを教えてくれたんだ。⓭それはアメリカ手話のことだよ。
真央：⓮アメリカの？ ⓯いろいろな種類の手話があるなんて知らなかったわ。
ダニエル：⓰ASLはそれらの手話の1つに過ぎないんだ。
真央：⓱おもしろいわね。

80

Mao: ❾ I see.　❿ It must be fantastic to communicate
アイ スィー　　　イット マスト　　ビー　ファンタスティック　トゥー カミューナケイト
なるほど　　　すばらしいにちがいありません　　気持ちを伝え合うことは

in sign language.
イン　サイン　ラングウェッチ
手話で

> It is ～ to …. 「…するのは～である」の文のisがmust beになった形。

Daniel: ⓫ I think so too.　⓬ Sophia taught me ASL.
アイ スィンク　ソウ トゥー　　サフィーア　　トート　　ミー　エイエスエル
私は 思います　そう もまた　　ソフィアは　教えました　私に　ASLを

⓭ It's American Sign Language.
イッツ　アメリカン　　サイン　ラングウェッチ
それはアメリカ手話です

Mao: ⓮ American?　⓯ I didn't realize there were
アメリカン　　　アイ ディドント　リーアライズ　ゼア　　ワー
アメリカのですか　私は 理解していませんでした　いろいろな種類の手話が

different kinds of sign languages.
ディフラント　カインド　アヴ サイン　ラングウェッヂズ
あることを

> realizeのあとに接続詞thatが省略されている。didn't realizeに合わせて were となっているが,現在形のように訳す。

Daniel: ⓰ ASL is just one of them.
エイエスエル イズ ヂャスト　　ワナヴ　ゼム
ASLは　それらのほんの１つです

> ⓯のdifferent kinds of sign languages 「いろいろな種類の手話」をさしている。

Mao: ⓱ That's interesting.
ザッツ　　イントゥラスティング
それはおもしろいです

---

① Who taught Daniel ASL?
だれがダニエルにASLを教えましたか。

② Did Mao know a lot about sign languages?
真央は手話についてたくさん知っていましたか。

---

  ❶ Sophia did.
ソフィアです。

❷ No, she didn't. (Because she didn't realize there were different kinds of sign languages.)
いいえ，知りませんでした。(なぜなら彼女はいろいろな種類の手話があることを知らなかったからです。)

(単語・語句はp.82へ)

2 ASLに興味をもった真央は，インターネットでいろいろと調べました。 **QR**

イン ファクト ゼア アー オウヴァ ワンハン ドゥラッド ディフラント サイン
❶ In fact, there are over 100 different sign
実際は あります 100以上の異なる手話が

ラングウェッヂズ イン ザ ワールド イン サム カントゥリィズ サイン
languages in the world. ❷ In some countries, sign
世界には いくつかの国々では 手話が

〈be動詞＋過去分詞〉の形。

ラングウェッヂ イズ ユーズド アズ アン アフィシャル ラングウェッヂ
language is used as an official language.
使われています 公式な言語として

a sign language「手話」にused widely around the world「世界じゅうで広く使われている」と説明を加えている。

エイエスエル イザ サイン ラングウェッヂ ユーズド ワイドリィ アラウンド ザ
❸ ASL is a sign language used widely around the
ASLは 手話です 世界じゅうで広く使われている

ワールド アコーディング トゥーア リポート ゼア アー
world. ❹ According to a report, there are
報告によれば います

アバウト ハフ ア ミリャン エイエスエル ユーザァズ イン ザ ユーエス
about half a million ASL users in the U.S.
およそ50万人のASL使用者が アメリカ合衆国に

本文の意味

❶実際は，世界には100以上の異なる手話があります。❷手話が公用語として使われている国もあります。

❸ASLは世界じゅうで広く使われている手話です。❹報告によれば，アメリカ合衆国には，およそ50万人のASL使用者がいます。❺ASLはカナダや，アジアやアフリカのいくつかの地域でも使われています。❻もしASLを知っていれば，あなたは多くの人々と気持ちを伝え合うことができます。❼ASLの表現をいくつか学んでみてはどうですか。

(p.81より)

単語・語句 **QR**

□ Sophia [サフィーア] 名 ソフィア(女子の名)

□ communicate [カミューナケイト] 動 情報 [意見，気持ち]を伝え合う

□ ASL [エイエスエル] 名 アメリカ手話 (＝American Sign Language)

□ American Sign Language [アメリカン サイン ラングウェッヂ] 名 アメリカ手話(英語圏で使われる手話)

□ realize [リーアライズ] 動 理解する，実感する

□ ※different [ディフラント] 形 さまざまな，いろいろな(→教科書p.12 形 違った，異なる)

❺ エイエスエル イズ オールソウ ユーズド イン キャナダ アンド サム パーツ アヴ
ASL is also used in Canada and some parts of
ASLは　また使われています　カナダや，アジアやアフリカのいくつかの部分で

〈be動詞＋過去分詞〉の形。

エイジャ アンド アフリカ イフ ユー ノウ エイエスエル ユー
Asia and Africa. ❻ **If you know ASL, you**
　　　　　　　　　　もしあなたが知って　ASLを　あなたは
　　　　　　　　　　いるならば

キャン カミューナケイト ウィズ メニィ ピープル ウッヂュー
can communicate with many people. ❼ **Would you**
気持ちを伝え合うことができます　多くの人々と　　　　　　　　　学んではいかがですか

ライク トゥー ラーン サム エイエスエル イクスプレションズ
like to learn some ASL expressions?
　　　　　　　　　　　　いくつかのASLの表現を

Q
① How many sign languages are there in the world?
世界にはいくつの手話がありますか。

② Where is ASL used?
ASLはどこで使われていますか。

A (解答例) ❶ There are over 100 different sign languages in the world.
世界には100以上の異なる手話があります。

❷ It is used in the U.S., Canada, and some parts of Asia and Africa. [It is used widely around the world.]
アメリカ合衆国，カナダ，そしてアジアやアフリカのいくつかの地域で使われています。[世界じゅうで広く使われています。]

単語・語句 QR

□ official [アフィシャル] 形 公式の，正式の

□ widely [ワイドリィ] 副 広く

□ user(s) [ユーザァ(ズ)] 名 使用者

□ Asia [エイジャ] 名 アジア

□ Africa [アフリカ] 名 アフリカ

□ expression(s) [イクスプレション(ズ)] 名 表現

Try ② (表現例)

(例：Ａ-4) I'm interested in global warming. It's important to save the earth.
私は地球温暖化に興味があります。地球を救うことは重要です。

3 ダニエルと真央は，引き続き手話の話で盛り上がっています。 `QR`

Mao: ❶ How do you say "My name is Mao" in ASL?
<small>ハウ ドゥーユー セイ マイ ネイム イズ マオ イン エイエスエル</small>
<small>どのように あなたは言いますか 私の名前は 真央です ASLで</small>

Daniel: ❷ First, sign "my" and "name" like this.
<small>ファースト サイン マイ アンド ネイム ライク ズィス</small>
<small>まず 身ぶりで myとnameを このように</small>
<small>伝えなさい</small>

> ダニエルが行っている身ぶりをさしている。

❸ Then, spell your name with the sign
<small>ゼン スペル ユア ネイム ウィズ ザ サイン</small>
<small>それから つづりなさい あなたの名前を 手話のアルファベットで</small>

language alphabet.
<small>ラングウェッヂ アルファベット</small>

Mao: ❹ It's like learning another language!
<small>イッツ ライク ラーニング アナザァ ラングウェッヂ</small>
<small>それは学ぶことのようですね もうひとつの言語を</small>

> Itは❷，❸のmyとnameを身ぶりで表して，手話のアルファベットで名前をつづることをさしている。
> likeは前置詞。あとに動名詞 learning がきている。

Daniel: ❺ Right! ❻ Besides, ASL is not
<small>ライト ビサイヅ エイエスエル イズ ナット</small>
<small>そのとおりです そのうえ ASLは ただのジェスチャーではありません</small>

just gestures.
<small>ヂャスト ヂェスチャズ</small>

本文の意味

真央：❶ASLで「私の名前は真央です」ってどう言うの？

ダニエル：❷まず，myとnameをこんなふうに身ぶりで伝えてごらん。❸それから，手話のアルファベットできみの名前をつづるんだ。

真央：❹それってもうひとつの言語を学んでいるみたいだね！

ダニエル：❺そのとおりだよ！　❻それに，ASLはただのジェスチャーじゃないんだ。

真央：❼どういう意味？

ダニエル：❽ぼくがソフィアに「なぜ？」って聞いたとき，彼女はぼくの言うことがわからなかったんだ。❾それはぼくがまゆを下げなかったからなんだ。

真央：❿なるほどね。⓫つまり，顔の表現もASLでは必要だってことよね？

ダニエル：⓬そう，まったくそのとおりだよ。

Mao: ❼ What do you mean?
(フ)ワット　ドゥー ユー　ミーン
何を　　　あなたは意味していますか

Daniel: ❽ When I asked Sophia "Why?," she didn't
(フ)ウェン　アイ アスクト　サフィーア　(フ)ワイ　シー　ディドント
私がたずねたとき　　ソフィアに　　「なぜ?」と　彼女は　理解しませんでした

understand me. ❾ I didn't lower my eyebrows.
アンダスタンド　　ミー　　アイ ディドント　ロウア　マイ　アイブラウズ
私を　　私は 下げませんでした　　私のまゆを

Mao: ❿ I see. ⓫ So facial expressions
アイ スィー　　ソウ　フェイシャル イクスプレッションズ
なるほど　　それで 顔の表現は

> 「ジェスチャーだけでなく，顔の表現も必要だ」という意味で，also が使われている。

are also necessary in ASL, right?
アー　オールソウ ネサセリィ　イン エイエスエル ライト
また必要です　　　　　ASLでは　　　てよろしいですね

Daniel: ⓬ Yes, exactly.
イェス　イグザクトゥリィ
はい　　まったくそのとおりです

① What does Mao want to say in ASL?
　真央はASLで何と言いたいのですか。

② What is necessary in ASL?
　ASLでは何が必要ですか。

　　❶ She wants to say, "My name is Mao."
　彼女は「私の名前は真央です」と言いたいです。

❷ Gestures and facial expressions are.
　ジェスチャーと顔の表現です。

単語・語句 'QR

□ ※sign [サイン] 動 身ぶりで伝える(→教科書 p.21 名 標識，表示)

□ spell [スペル] 動 つづる，書く

□ alphabet [アルファベット] 名 アルファベット

□ lower [ロウア] 動 下げる

□ eyebrow(s) [アイブラウ(ズ)] 名 まゆ，まゆ毛

□ facial [フェイシャル] 形 顔の

□ necessary [ネサセリィ] 形 必要な

③ 表現例
This is a book written by Miyazawa Kenji.　これは宮沢賢治によって書かれた本です。

Retell

❷

KEY American Sign Language(ASL)　アメリカの手話

> ・ダニエルの友だち　　・真央の考え　　・その他

表現例

・The girl using sign language is Daniel's friend Sophia.
　手話を使っている女の子はダニエルの友だちのソフィアです。
・Mao thinks it must be fantastic to communicate in sign language.
　真央は手話で気持ちを伝え合うことはすばらしいにちがいないと思っています。
・ASL is American Sign Language. There are different kinds of sign languages.
　ASLはアメリカ手話です。手話にはいろいろな種類があります。

KEY ASL in the world　世界でのASL

> ・世界の手話の数　　・ASL の使用状況　　・その他

表現例

・There are over 100 different sign languages in the world.
　世界には100以上の異なる手話があります。
・ASL is a sign language used widely around the world.
　ASLは世界じゅうで広く使われている手話です。

KEY the necessary things in ASL　ASLで必要なこと

> ・真央が教わった手話　　・手話で必要なこと　　・その他

表現例

・Mao learned how to say "My name is Mao" in ASL from Daniel.
　真央はダニエルからASLで「私の名前は真央です」と言う方法を習いました。
・In ASL, gestures and facial expressions are necessary.
　ASLでは，ジェスチャーと顔の表現が必要です。

Interact

1 This Is My Friend.

例文と訳

A: Look at the stage. The girl playing the Japanese flute is my friend Yuki.
　舞台を見てください。日本のフルートを演奏している女の子は，私の友だちの由紀です。

B: She is wearing a nice *kimono*. Are the boys eating *takoyaki* your friends too?
　彼女はすてきな着物を着ていますね。たこ焼きを食べている男の子たちもあなたの友だちですか。

A: Yes. They are my classmates.　はい。彼らは私のクラスメートです。

2 Let's Introduce Japanese Culture.

例文と訳

This is a *yukata*. It's a kind of *kimono* worn in summer or after a bath.
これは浴衣です。それは夏やふろのあとに着られる着物の一種です。

表現例

・This is a *wadaiko*. It's a Japanese drum played at *Bon Odori*.
　これは和太鼓です。それは「盆踊り」で演奏される日本のドラムです。

・This is *shoyu*. It's a sauce made from soybeans.
　これは醤油です。それは大豆から作られるソースです。

単語・語句 QR

□ stage ［ステイヂ］图 舞台，ステージ　　　　□ worn ［ウォーン］動 wear（着ている）の過去
　　　　　　　　　　　　　　　　　　　　　　　分詞形

英語のしくみ

◇分詞の後置修飾　●■例文と訳■●

1. 現在分詞の後置修飾（〜している…）

・That boy sitting on the chair is my brother.　いすに座っているあの男の子は私の兄[弟]です。

　(That boy is my brother. He is sitting on the chair.　あの男の子は私の兄[弟]です。彼はいすに座っています。)

・The girl playing the guitar is Junko.　ギターをひいている女の子は純子です。

・The boy using a computer is Takeshi.　コンピュータを使っている男の子は武史です。

・Look at the boys dancing on the stage.　舞台で踊っている男の子たちを見なさい。

2. 過去分詞の後置修飾（〜される[た]…）

・I have read a book written by Shiga Naoya.　私は志賀直哉によって書かれた本を読みました。

　(I have read a book. It was written by Shiga Naoya.　私は本を読みました。それは志賀直哉によって書かれました。)

・This is the computer broken by Taro.　これは太郎によって壊されたコンピュータです。

・This is a cherry tree sent from Japan.　これは日本から送られた桜の木です。

・I have a camera made in Germany.　私はドイツ製のカメラを持っています。

Challenge!

日本文に合う英文になるように，（　　）内の語句を並べかえましょう。

(1)手紙を書いているあの女の子はジェーンです。

　　(a letter / writing / is / that girl) Jane.

(2)私はあそこで野球をしている男の子たちを知っています。

　　I know (baseball / playing / the boys / there / over).

(3)これは横浜駅で売られているお弁当です。

　　This is (at / a lunch / Yokohama Station / sold).

(4)私は中国製の電話を持っています。

　　I have (China / made / a phone / in).

(Challenge!の解答はp.91)

ホームページで学校を紹介しよう

教科書 p.60 〜 p.61

1 英文と訳

About Midori Junior High School 緑中学校について

School Event 学校行事

❶ Every year, we have a school festival in November. It lasts for two days. Many people including elementary school students come and enjoy our festival.

毎年，11月には文化祭があります。それは2日間続きます。小学生を含むたくさんの人たちが来て，文化祭を楽しみます。

Club Activities 部活動

❷ Our basketball team practices four days a week. We have won the championship in the local tournament several times. Have you ever played basketball? We welcome beginners! If you practice hard, you can be a starting player.

私たちのバスケットボール部は週に4日練習します。私たちは数回，地元の大会で優勝したことがあります。これまでにバスケットボールをしたことがありますか。初心者を歓迎します！　いっしょうけんめい練習すれば，先発選手になれるでしょう。

❸ Our brass band practices every day. We take part in a local contest every summer. If you are interested, come to the music room on the fourth floor. You don't have to have your own musical instrument.

私たちの吹奏楽部は毎日練習します。毎年夏に地元のコンクールに参加します。もし興味があるなら，4階の音楽室に来てください。自分自身の楽器を持っている必要はありません。

2 解答

① 時期：Every year, we have a school festival in November.

　特徴：It lasts for two days. Many people including elementary school students come and enjoy our festival.

② 練習状況：Our basketball team practices four days a week.

　　　　　　Our brass band practices every day.

　対外活動：We have won the championship in the local tournament several times.

　　　　　　We take part in a local contest every summer.

　勧誘のことば：We welcome beginners!

　　　　　　　　If you are interested, come to the music room on the fourth floor.

（発音クリニック，単語・語句はp.91へ）

1 ◀)) 対話文と訳 ◀)(

Taku: I'm reading an interesting book now. It's about a …. Oh, I don't know the name. It's about a very big gray animal. It can walk under the water.

ぼくは今，おもしろい本を読んでいます。それは…についての本です。ああ，名前がわかりません。それはすごく大きな灰色の動物についての本です。それは水の中を歩くことができます。

Emma: Oh, I know it!　ああ，それがわかりました！

解答

カバ

2 **解答例**

① *Sam:* What do you want for your birthday?　あなたは誕生日に何がほしいですか。

　You: <u>I want something to carry money.</u>　私はお金を持ち運ぶものがほしいです。

② *Sam:* What kind of child were you?　あなたはどんな子どもでしたか。

　You: <u>When I was a child, I often cried.</u>　子どものころは，私はよく泣きました。

(p.77より)

単語・語句 **QR**

☐ sign language(s) [**サイン ラングウェッヂ（ズ）**] 图 手話

☐ gesture(s) [**ヂェスチャ（ズ）**] 图 身ぶり，ジェスチャー

☐ photo [**フォウトウ**] 图 写真

☐ kid(ding) [**キッド（キ**ディング**）**] 動 からかう

☐ bench [**ベンチ**] 图 ベンチ

☐ *No kidding!*　まさか。[冗談でしょう。]

Try　① **表現例**

(例：B-2) I think the travel by car is better than the one by train because <u>I don't have to worry about being late for the train.</u>

<u>電車に遅れることを心配する必要がないので，私は電車での旅行よりも車での旅行のほうがよいと思います。</u>

90

(p.89より)

Today, | the three elephants rest in peace | with other animals | under the monument | at the Ueno Zoo.
今日　　　3頭のゾウは安らかに眠っています　　　ほかの動物たちといっしょに　慰霊碑の下で　　　　　　上野動物園の

単語・語句 QR

(教科書p.60)

□ including [インクルーディング] 前 (〜を)含めて

□ elementary school [エラメントゥリィ スクール] 名 小学校

□ activity, activities [アクティヴァティ(ズ)] 名 活動

□ championship [チャンピアンシップ] 名 優勝

□ several [セヴラル] 形 いくつかの

□ beginner(s) [ビギナァ(ズ)] 名 初心者

□ starting player [スターティング プレイア] 名 先発選手, スタメン

□ *take part in* 〜　〜に参加する

(教科書p.61)

□ outing [アウティング] 名 遠足

□ competition [カンパティション] 名 試合, 競技会

□ council [カウンスル] 名 協議会, 会議

□ election [イレクション] 名 選挙

□ display [ディスプレイ] 名 展示

□ defeat(ed) [ディフィート(ディフィーティド)] 動 (相手を)負かす

□ semifinal [セミファイヌル] 形 準決勝の

□ match [マッチ] 名 試合, 競技

□ seed(ed) [スィード(スィーディド)] 動 (通例受け身で)(スポーツで)シードする

Challenge! 解答 (p.88)

(1) That girl writing a letter is Jane.　(2) I know the boys playing baseball over there.

(3) This is a lunch sold at Yokohama Station.　(4) I have a phone made in China.

PROGRAM 5 The Story of Chocolate

Scenes

1 人についてくわしく説明する言い方ができるようになろう。 **QR**

ルック　アイ スィンク　アイヴ メット ザット ウマン
Look. I think I've met that woman
ビフォー
before.

(フ)ウィッチ ウマン　　　アー　ユー　トーキング　アバウト
Which woman are you talking about?

アイ ミーン　ザ　ウマン　　フー　ハズ　ローング ヘア
I mean *the woman* **who** has long hair.

シーズ　リサ　ヂョウズ スィスタァ
She's Lisa, Joe's sister.

Scenes の意味

A: 見て。私はあの女の人に以前会ったことがあると思います。
B: どちらの女の人のことを言っているのですか。

A: 長い髪の女の人のことです。
B: 彼女はリサで，ジョーのお姉さんです。

「〜である女の人」 と「人」について説明するときは…

I mean *the woman*. + **She** has long hair.

私はその女性のことを言っています。　　彼女は髪の毛が長いです。

I mean *the woman* **who** has long hair.
「人」　　　　　　　　　　〈who＋動詞＋目的語〉

主語Sheの代わりにwhoを使って，2つの文をつなげて表すよ。

ポイント！

形	〈名詞（人）＋who＋動詞（＋目的語）〉
意味	「人」について説明する。「〜する［である］（人）」

〖whoのあとの動詞の形に注意！〗

I know *a doctor* who works in the hospital.　私はその病院で働いている医者を知っています。

単数

動詞の形は説明する名詞の数に合わせるよ。

Look at *the girls* who are playing tennis.　テニスをしている女の子たちを見てください。

複数

Listen 純とアンの対話を聞き，内容に合う絵を選びましょう。

❶ (　　　)　❷ (　　　)　❸ (　　　)

a.　　　　b.　　　　c.　　　　d.

(解答)

❶ b

❷ c

❸ d

● 対話文 ● **QR**

❶ *Jun:* Who's this woman?　こちらの女性はどなたですか。

　Ann: She's an artist who takes pictures of animals in Africa.

　　　　彼女はアフリカの動物の写真をとる芸術家です。

❷ *Jun:* Do you know this woman?　こちらの女性を知っていますか。

　Ann: Yes. She's an artist who draws pictures of animals.　はい。彼女は動物の絵を描く芸術家です。

❸ *Jun:* Who's that woman?　あちらの女性はどなたですか。

　Ann: She's a musician who sings with a guitar.　彼女はギターをひきながら歌う音楽家です。

Speak & Write 将来どのようになりたいか表現しましょう。

(例) I want to be a ①doctor who ②helps many people.

● 例文の訳 ●

私は多くの人々を助ける医者になりたいです。

(解答例)

・I want to be a ①soccer player who ②plays in Europe.

　私は②ヨーロッパでプレーする①サッカー選手になりたいです。

・I want to be a ①comedian who ②makes people laugh.

　私は②人々を笑わせる①コメディアンになりたいです。

・I want to be a ①scientist who ②invents many useful things.

　私は②多くの役に立つものを発明する①科学者になりたいです。

① (表現例)

Try　(例：Ｂ-3) I think emails are more useful than letters because we can send and receive emails easily.

　　　私たちはたやすくメールを送ったり受けとったりできるので，私は手紙よりメールのほうが役に立つと思います。

2 ものについてくわしく説明する言い方ができるようになろう。 **QR**

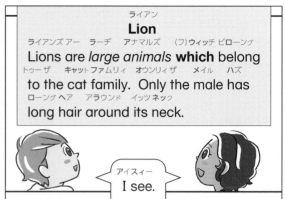

Scenes の意味

A: わあ，ライオンがいますね。 B: とても強そうです。	標示：**ライオン**　ライオンはネコ科に属する大きな動物です。オスだけが首のまわりに長いたてがみがあります。 A and B: なるほど。

「**〜である大きな動物**」 と「**人以外**」について説明するときは…

Lions are *large animals*. **+ They** belong to the cat family.

ライオンは大きな動物です。　　それらはネコ科に属しています。

Lions are *large animals* **which** belong to the cat family.

「人以外」　　　　　　　　　〈which＋動詞〉

主語Theyの代わりにwhichを使って，2つの文をつなげて表すよ。

ポイント！

形	〈名詞（もの・事がら）＋which＋動詞（＋目的語）〉
意味	「もの・事がら」について説明する。「〜する［である］（もの・事がら）」

『説明する文が文の途中にくる場合もある！』

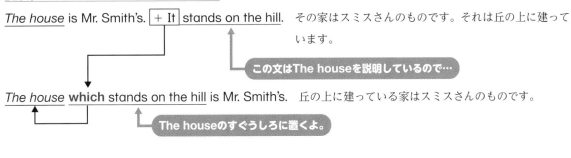

The house is Mr. Smith's. ＋ It stands on the hill.　その家はスミスさんのものです。それは丘の上に建っています。

この文はThe houseを説明しているので…

The house **which** stands on the hill is Mr. Smith's.　丘の上に建っている家はスミスさんのものです。

The houseのすぐうしろに置くよ。

Listen　クイズを聞き，内容に合う都道府県を選びましょう。 QR
❶ （　大阪府 / 静岡県 / 滋賀県　）　　❷ （　北海道 / 沖縄県 / 新潟県　）

（解答）
❶ 滋賀県
❷ 沖縄県

英文　 QR

❶ This is a prefecture which has a large lake. It is next to Kyoto. What is it?
これは大きな湖のある県です。それは京都の隣にあります。それは何ですか。

❷ Do you know a prefecture which is famous for its beautiful sea and beaches? It is surrounded by the sea. It's warm even in winter. What is it?
美しい海と砂浜で有名な県を知っていますか。それは海に囲まれています。それは冬でさえ暖かいです。それは何ですか。

Speak & Write　動物の特徴を表すヒントを考え，クイズを作りましょう。

（例）　This is an animal which ①is the largest on land and ②has a long trunk. What is it?

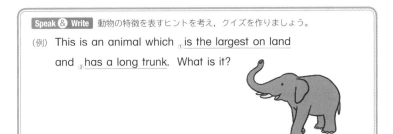

例文の訳
これは陸上でもっとも大きく，長い鼻を持つ動物です。それは何ですか。

（解答例）

・This is an animal which ①is the tallest and ②has a long neck. What is it?
これは，①もっとも背が高くて②長い首を持つ動物です。それは何ですか。

・This is an animal which ①is the largest in the world and ②lives in the sea. What is it?
これは，①世界でもっとも大きくて②海に住んでいる動物です。それは何ですか。

単語・語句　 QR
□ belong ［ビローング］動（～に）属する，一員である
□ male ［メイル］名雄，男性
□ neck ［ネック］名首

□ prefecture ［プリーフェクチァ］名県
□ surround(ed) ［サラウンド（サラウンディド）］動囲む
□ *belong to ～*　～に属する

3 人やものについてくわしく説明する別の言い方ができるようになろう。 **QR**

ハヴ ユー スィーン ズィス ムーヴィ
Have you seen this movie?

ノウ (フ)ワット カインド アヴ ムーヴィ イズ イット
No. What kind of movie is it?

イッツァ ムーヴィ ザット ハズ メニィ ロウマンティック
It's *a movie* **that** has many romantic
スィーンズ
scenes.

リーリィ アイド ライク トゥー スィー イット ウィズ ヂョウ
Really? I'd like to see it with Joe.

| Scenes の意味 |

A: あなたはこの映画を見たことがありますか。
B: いいえ。それはどんな映画ですか。

A: それはロマンチックな場面の多い映画です。
B: ほんとうですか。私はジョーと見に行きたいです。

「〜である映画」 と「もの」について説明するには…

It's *a movie*. + **It** has many romantic scenes.

それは映画です。　　それはロマンチックな場面が多いです。

It's *a movie* **that** has many romantic scenes.

「もの」　　　　〈that＋動詞＋目的語〉

主語Itの代わりにthatを使って，２つの
文をつなげて表すよ。whichも使えるよ。

ポイント！

| 形 | 〈名詞(人・もの・事がら)＋that＋動詞(＋目的語)〉 |
| 意味 | 「人・もの・事がら」について説明する。「〜する[である](人・もの・事がら)」 |

「人」にも使える！

I know *the girl* **that** is walking with her dog.　私はイヌと歩いている女の子を知っています。

「人」　whoを使うこともできるよ。

Listen　サムと久美の対話を聞き，内容に合う絵を選びましょう。QR

❶ (　　　)　　❷ (　　　)　　❸ (　　　)

a.　　b.　　c.　　d.

（解答）

❶ a

❷ c

❸ d

対話文　QR

❶ Sam: What kinds of shops do you want to see?　あなたはどんな種類の店を見たいですか。

Kumi: I want to go to a shop that has a lot of tennis rackets.
たくさんのテニスラケットがある店に行きたいです。

❷ Sam: Do you know anything about that man?　あなたはあの男性について何か知っていますか。

Kumi: Yes. He's a writer that writes for a famous magazine.
はい。彼は有名な雑誌に書いている作家です。

❸ Sam: Do you know anything about that man?　あなたはあの男性について何か知っていますか。

Kumi: Yes. He's a person that works at the art museum.　はい。彼は美術館で働いている人です。

Speak & Write　友だちをある場所に誘いましょう。

（例）A: Let's go to a ①restaurant that ②serves good steak.

B: Yes, let's go. / I'm afraid I can't.

例文の訳

A: おいしいステーキを出すレストランに行きましょう。

B: はい，行きましょう。／残念ですが，行けません。

（解答例）

・A: Let's go to a ①park that ②has tennis courts.　②テニスコートのある①公園に行きましょう。

B: Yes, let's.　はい，行きましょう。

・A: Let's go to a ①shop that ②sells used jeans.　②古着のジーンズを売っている①店に行きましょう。

B: I'm afraid I can't.　残念ですが，行けません。

単語・語句　QR

□ scene(s) [スィーン(ズ)] 名 場面

□ serve(s) [サーヴ(ズ)] 動 (食事などを)出す

□ used [ユーズド] 形 中古の

□ jean(s) [ヂーン(ズ)] 名 (jeansで)ジーンズ

Think

1 健たちは，グループ発表をすることになりました。 `QR`

〈have＋過去分詞〉の形で，「見つけた」という行為が完了していることを表している。

Emily: ❶ I've found a good topic for our speech.
アイヴ　ファウンド　ア　グッド　タピック　フォー　アウア　スピーチ
私は見つけました　よい話題を　　　私たちのスピーチのための

Ken: ❷ What is it?
(フ)ワット　イズ　イット
それは何ですか

Emily: ❸ It's the history of chocolate.
イッツ　ザ　ヒストゥリィ　アヴ　チョーカラット
それはチョコレートの歴史です

many students「多くの生徒たち」について，who love chocolate「チョコレートが大好きだ」と説明している。

Ken: ❹ Sounds interesting! ❺ There are
サウンズ　イントゥラスティング　ゼア　アー
おもしろそうですね　　　　　います

many students who love chocolate in our class.
メニィ　ステューデンツ　フー　ラヴ　チョーカラット　イン　アウア　クラス
多くの生徒たちが　　チョコレートが大好きである　私たちのクラスには

Emily: ❻ According to a website, the original
アコーディング　トゥー　ア　ウェブサイト　ズィ　アリヂャヌル
ウェブサイトによれば　　　最初のチョコレートは

chocolate was just a bitter drink.
チョーカラット　ワズ　ヂャスト　ア　ビタァ　ドゥリンク
ただの苦い飲み物でした

本文の意味

エミリー：❶私たちのスピーチのためのいい話題を見つけたわ。

　　健：❷それは何？

エミリー：❸チョコレートの歴史よ。

　　健：❹おもしろそうだね！　❺ぼくたちのクラスには，チョコレートが大好きな生徒がたくさんいるよ。

エミリー：❻ウェブサイトによれば，最初のチョコレートはただの苦い飲み物だったの。

　　健：❼苦い飲み物だって？　❽ほんとうに？

エミリー：❾うん。❿メキシコでは昔，それは押しつぶされたカカオ豆と香辛料から作られていたの。⓫砂糖は入っていなかったのよ。⓬人々はそれを薬としてみなしたのよ。

　　健：⓭それは知らなかったよ。

エミリー：⓮チョコレートはとても高価だったから，少数の人々しか飲むことができなかったの。

Ken: ❼ A bitter drink? ❽ Really?
ア　ビタァ　　　ドゥリンク　　　　　リーリィ
苦い飲み物ですか　　　ほんとうですか

Emily: ❾ Yes. ❿ In the old times in Mexico,
イェス　　　イン　ズィ　オウルド タイムズ　イン メクスィコウ
はい　　　昔は　　　　　　　　　メキシコでは

it was made from crushed cacao beans and
イットワズ　メイド　フラム　クラッシュト　カカーオウ　ビーンズ　アンド
それは 作られていました　押しつぶされたカカオ豆と香辛料から

> be made from ～で「～から作られている」という意味。by以外の前置詞が使われている受け身の形。
> crushedは過去分詞で、cacao beansに説明を加えている。

spices. ⓫ It had no sugar. ⓬ People regarded
スパイスィズ　イット ハド　ノウ　シュガァ　　　ピープル　　リガーディド
それには 砂糖が入っていませんでした　　人々は　　　みなしました

it as medicine.
イットアズ　メダスィン
それを 薬として

> エミリーが説明したチョコレートについての内容をさしている。

Ken: ⓭ I didn't know that.
アイ ディドント　ノウ　　　ザット
私は 知りませんでした　　それを

Emily: ⓮ Chocolate was so valuable that only a small
チョーカラット　　ワズ　ソウ ヴァリュアブル　ザット　オウンリィ ア スモール
チョコレートは　　とても高価だったので　　　　少数の人々しか飲めません

number of people could have it.
ナンバァ　アヴ ピープル　クッド　ハヴ　イット
でした　　　　　　　　　　　　　　　それを

---

 ① What was the original chocolate?
最初のチョコレートは何でしたか。

② Could all the people enjoy chocolate in the old times?
昔はすべての人々がチョコレートを楽しむことができましたか。

 (解答例) ❶ It was just a bitter drink.
それはただの苦い飲み物でした。

❷ No, they couldn't. Only a small number of people could have it.
いいえ，できませんでした。少数の人々しかそれを飲むことができませんでした。

(単語・語句はp.107へ)

2 現代のようなチョコレートがどのように生まれたのか，健が発表しています。 **QR**

❶ How did chocolate become popular?
どのように して　チョコレートは人気になりましたか

〈be動詞＋過去分詞〉の受け身の形。過去のことを述べている。このshipは動詞。

❷ Cacao beans were shipped to Europe
カカオ豆は　船で運ばれました　ヨーロッパに

by the Spanish in the 16th century. ❸ After that,
スペイン人によって　16世紀に　そのあとで

Europeans began to drink their chocolate
ヨーロッパの人々は　始めました　飲むことを　彼らのチョコレートを

with sugar.
砂糖を入れた

〈be動詞＋過去分詞〉の受け身の形。過去のことを述べている。

❹ The world's first solid chocolate was made
世界で最初の固形のチョコレートは　作られました

in 1847. ❺ However, it was still bitter. ❻ Then
1847年に　しかし　それは まだ苦かったです　それから

a Swiss man and his friend added milk to improve
1人のスイス人の男性と彼の友だちが　加えました　牛乳を　その味を改善するために

its taste.

本文の意味

❶どのようにしてチョコレートは人気になったのでしょうか。❷カカオ豆は16世紀にスペイン人によってヨーロッパに船で運ばれました。❸そのあとで，ヨーロッパの人々は砂糖入りのチョコレートを飲み始めました。

❹世界で最初の固形のチョコレートは1847年に作られました。❺しかし，それはまだ苦いものでした。❻それから，スイス人の男性と彼の友人が，その味を改善するために牛乳を加えました。❼これは今日では「ミルクチョコレート」と呼ばれています。

❽今，チョコレートは世界の至るところで楽しまれています。❾この図を見てください。❿たくさんのチョコレートを消費する国々を見つけましょう。

❼ This is called "milk chocolate" today.
ズィス　イズ　コールド　　ミルク　　チョーカラット　　タディ
これは　　呼ばれています　「ミルクチョコレート」と　　今日では

> 〈call ～ ...〉「～を…と呼ぶ」の～を主語にした受け身の形。

❽ Chocolate is enjoyed throughout the world now.
チョーカラット　　イズ インヂョイド　スルーアウト　　ザ　ワールド　ナウ
チョコレートは　　楽しまれています　世界の至るところで　　　　今

❾ Look at this figure.
ルッカト ズィス フィギャ
この図を見てください

❿ Let's find the countries
レッツ　ファインド ザ　　カントゥリィズ
見つけましょう　　国々を

(フ)ウィッチ カンシューム　　ア　ラッタヴ チョーカラット
which consume a lot of chocolate.
たくさんのチョコレートを消費する

> the countries「国々」について, which consume a lot of chocolate「たくさんのチョコレートを消費する」と説明している。

---

① Who introduced cacao beans to Europe?
　だれがカカオ豆をヨーロッパに持ち込みましたか。

② How did the Swiss man and his friend improve the taste of chocolate?
　スイス人の男性と彼の友人はどのようにしてチョコレートの味を改善しましたか。

 (解答例) ❶ The Spanish did.
　スペイン人です。

❷ They added milk (to chocolate).
　彼らは牛乳を(チョコレートに)加えました。

単語・語句 QR

□ Spanish [スパニッシュ] 名 スペイン語[人]
□ European(s) [ユラピーアン(ズ)] 名 ヨーロッパ人
□ began [ビギャン] 動 begin(始まる)の過去形
□ begin [ビギン] 動 始まる, 始める
□ solid [サリッド] 形 固形の

□ Swiss [スウィス] 形 スイス人の
□ add(ed) [アド(アディド)] 動 加える
□ throughout [スルーアウト] 前 ～の至るところで[に]
□ figure [フィギャ] 名 図
□ consume [カンシューム] 動 消費する

---

 ② 表現例

I want to be a person who <u>can help many people because I'm interested in volunteer activities.</u>

私はボランティア活動に興味があるので, たくさんの人々を助けることができる人になりたいです。

3 チョコレート産業の隠された部分について，エミリーが続いて発表します。 **QR**

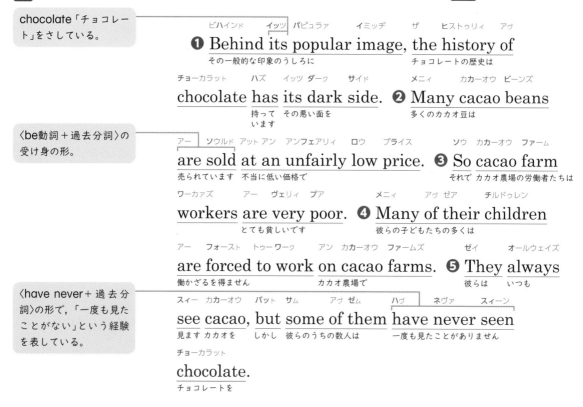

chocolate「チョコレート」をさしている。

ビハインド　イッツ　パピュラァ　イミッヂ　ザ　ヒストゥリィ　アヴ
❶ Behind its popular image, the history of
その一般的な印象のうしろに　　　　　　チョコレートの歴史は

チョーカラット　ハズ　イッツ　ダーク　サイド　メニィ　カカーオウ　ビーンズ
chocolate has its dark side. ❷ Many cacao beans
　　　　持って　その悪い面を　　　多くのカカオ豆は
　　　　います

〈be動詞＋過去分詞〉の受け身の形。

アー　ソウルド　アット アン　アンフェアリィ　ロウ　プライス　ソウ　カカーオウ　ファーム
are sold at an unfairly low price. ❸ So cacao farm
売られています　不当に低い価格で　　　　　　それで カカオ農場の労働者たちは

ワーカァズ　アー　ヴェリィ　プア　メニィ　アヴ ゼア　チルドゥレン
workers are very poor. ❹ Many of their children
　　　　　とても貧しいです　　彼らの子どもたちの多くは

アー　フォースト　トゥーワーク　アン カカーオウ ファームズ　ゼイ　オールウェイズ
are forced to work on cacao farms. ❺ They always
働かざるを得ません　　　　カカオ農場で　　　　彼らは　いつも

〈have never＋過去分詞〉の形で，「一度も見たことがない」という経験を表している。

スィー カカーオウ　バット　サム　アヴ ゼム　ハヴ　ネヴァ　スィーン
see cacao, but some of them have never seen
見ます カカオを　　しかし　彼らのうちの数人は　一度も見たことがありません

チョーカラット
chocolate.
チョコレートを

本文の意味

❶一般的な印象の背後に，チョコレートの歴史には悪い面があります。❷多くのカカオ豆は不当に低い価格で売られています。❸だからカカオ農場の労働者たちはとても貧しいのです。❹彼らの子どもたちの多くはカカオ農場で働かざるを得ません。❺彼らはいつもカカオを見ていますが，チョコレートを一度も見たことがない子どももいます。

❻農家の人たちの生活を改善するための運動を始めた人々もいます。❼彼らはカカオ豆を適正な値段で買い，「フェアトレード」のチョコレートを売ります。❽もしあなたが買いたいなら，包みにフェアトレードのマークがあるチョコレートをさがしてください。

サム　　ピープル　　スターティド　ア　ムーヴマント　　トゥー インプルーヴ
❻ **Some people started a movement to improve**
なかには始めた人々もいます　　　　　運動を　　　　農家の人たちの生活を改善

ファーマァズ　　ライヴズ　　ゼイ　　バイ　カカーオウ ビーンズ
farmers' lives. ❼ **They buy cacao beans**
するための　　　　　　彼らは　買います カカオ豆を

アッタ フェア　プライス　アンド　セル　　フェア トゥレイド　チョーカラット
at a fair price and sell "fair trade" chocolate.
適正な値段で　　　そして　売ります「フェアトレード」のチョコレートを

イフ ユー　　　　ワントゥー バイ　イット ルック　　フォー チョーカラット
❽ **If you want to buy it, look for chocolate**
もしあなたが望むなら　買うことを それを チョコレートをさがしてください

ザット ハズ ザ　フェア トゥレイド ロウゴウ アン イッツ パケッヂ
that has the fair trade logo on its package.
フェアトレードのマークがある　　　　　　その包みに

> chocolate「チョコレート」について, that has the fair trade logo on its package「その包みにフェアトレードのマークがある」と説明している。

① Why are cacao farm workers poor?
　なぜカカオ農場の労働者たちは貧しいのですか。

② Has fair trade changed farmers' lives?
　フェアトレードは農家の人たちの生活を変えましたか。

(解答例) ❶ Because many cacao beans are sold at an unfairly low price.
なぜなら多くのカカオ豆は不当に低い価格で売られているからです。

❷ Yes, it has. (Some people buy cacao beans at a fair price and sell "fair trade" chocolate.)
はい, 変えました。(カカオ豆を適正な値段で買って,「フェアトレード」のチョコレートを売る人々もいます。)

単語・語句 QR

- □ image [イミッヂ] 名 印象, イメージ
- □ dark [ダーク] 形 暗い, 悪い
- □ side [サイド] 名 (事がらの)面
- □ unfairly [アンフェアリィ] 副 不当に, 不公平に
- □ price [プライス] 名 価格, 値段
- □ ※poor [プア] 形 貧しい(→教科書p.46 形 かわいそうな)
- □ force(d) [フォース(ト)] 動 (be forced to ～で)～せざるを得ない
- □ movement [ムーヴマント] 名 動き, 運動
- □ fair [フェア] 形 公正な, 適正な
- □ fair trade [フェア トゥレイド] 名 フェアトレード, 公正取引
- □ logo [ロウゴウ] 名 ロゴ, マーク

(Tryはp.107へ)

103

Retell

KEY the original chocolate　最初のチョコレート

> ・昔の形状と味　　・値段や食べていた人　　・その他

（表現例）

・The original chocolate was just a bitter drink.

　最初のチョコレートはただの苦い飲み物でした。

・Chocolate was so valuable that only a few people could have it.

　チョコレートはとても高価だったので，少数の人々しかそれを飲むことができませんでした。

KEY chocolate in the world　世界のチョコレート

> ・ヨーロッパへの広がり　　・固形チョコレートの誕生　　・チョコレートの普及　　・その他

（表現例）

・Chocolate was brought to Europe by the Spanish in the 16th century.

　チョコレートは16世紀にスペイン人によってヨーロッパに持ち込まれました。

・The world's first solid chocolate was made in 1847.

　世界で最初の固形のチョコレートは1847年に作られました。

・A Swiss man and his friend made "milk chocolate."

　スイス人の男性と彼の友人が「ミルクチョコレート」を作りました。

・Chocolate is loved around the world now.

　チョコレートは今，世界じゅうで愛されています。

KEY dark side of chocolate　チョコレートの悪い面

> ・カカオ農場で働く人　　・フェアトレード　　・その他

（表現例）

・Many of cacao farm workers' children are forced to work on cacao farms.

　カカオ農場の労働者たちの子どもの多くがカカオ農場で働かざるを得ません。

・Some people started a movement to improve farmers' lives.

　農家の人たちの生活を改善するための運動を始めた人々もいます。

Interact

1　Do You Know Who This Is?

例文と訳

A: This is a female robot that is good at singing and cooking.

これは歌うことと料理をすることが得意な女性のロボットです。

She has a magic pocket which has many useful tools.

彼女は多くの役に立つ道具が入っている魔法のポケットを持っています。

She has a brother who is a famous Japanese cartoon character.

彼女には有名な日本のマンガのキャラクターであるお兄さんがいます。

Do you know her name?　あなたは彼女の名前を知っていますか。

B: Yes. She's Dorami-chan. Her brother is Doraemon, right?

はい。彼女はドラミちゃんです。彼女のお兄さんはドラえもんですよね。

表現例

A: This is a cartoon character that is loved by children in Japan.

これは日本の子どもたちに愛されているマンガのキャラクターです。

He has a head that is made of a sweet bread roll.　彼は甘い丸パンでできた頭を持っています。

He helps people who are hungry by having them eat his head.

彼は空腹な人々を，彼らに自分の頭を食べさせることによって助けます。

Do you know his name?　あなたは彼の名前を知っていますか。

B: Yes. He is Anpanman. He was created by a Japanese cartoonist Yanase Takashi.

はい。彼はアンパンマンです。彼は日本人のマンガ家，やなせたかしによって生み出されました。

2　Let's Talk about Famous People and Things.

例文と訳

I like Fujii Sota very much. He is a strong *shogi* player who won 29 games in a row from his debut. This was a new record that made people excited. He became a professional *shogi* player when he was 14. He was the youngest pro in Japan. I respect him.

私は藤井聡太がとても好きです。彼はデビューから29対局続けて勝った強い棋士です。これは人々を興奮させた新記録でした。彼は14歳のときにプロの棋士になりました。日本でもっとも若いプロでした。私は彼を尊敬しています。

単語・語句 QR

□ female [フィーメイル] 形 女性の

□ magic [マヂック] 形 魔法の

□ pocket [パケット] 名 ポケット

□ tool(s) [トゥール(ズ)] 名 道具

□ cartoon [カートゥーン] 名 マンガ

□ row [ロウ] 名 列

□ debut [デイビュー] 名 デビュー，初登場

□ record [レカァド] 名 記録，最高記録

□ pro [プロウ] 名 プロ

□ *in a row*　続けて

英語のしくみ

◇関係代名詞（主格）　●●▶例文と訳◀

1. who

・I met a woman. She can speak three languages.

　　私は1人の女性に会いました。彼女は3つの言語を話すことができます。

・I met a woman who can speak three languages.

　　私は3つの言語を話すことができる女性に会いました。

・The girl who has long hair is my sister.

　　長い髪の女の子は私の姉[妹]です。

2. which

・You can take the train. It leaves from Tokyo Station.

　　あなたはその電車に乗ることができます。それは東京駅から出発します。

・You can take the train which leaves from Tokyo Station.

　　あなたは東京駅から出発する電車に乗ることができます。

・The house which stands on the hill is mine.　丘の上に建っている家は私の家です。

3. that

・Bill lives in a house. It has a large yard.　ビルは家に住んでいます。それには大きな庭があります。

・Bill lives in a house that [which] has a large yard.　ビルは大きな庭のある家に住んでいます。

・Look at the girl and the dog that are running over there.

　　あそこを走っている女の子とイヌを見てください。

Challenge!

日本文に合う英文になるように，(　　)内の語句を並べかえましょう。

(1)私には岡山に住んでいるおばがいます。

　　I have (lives / an aunt / Okayama / in / who).

(2)ピアノをひいている女の子は私の妹です。

　　(is / the piano / the girl / playing / who) is my sister.

(3)これは農家の人々を助けることができるロボットです。

　　This is (can / a robot / farmers / help / which).

(4)ちょうど到着した電車は小樽へ行きます。　(arrived / just / the train / has / which) goes to Otaru.

(5)あなたはすてきなグリーティングカードを売っている店を知っていますか。

　　Do you know (that / nice greeting cards / a shop / sells)?

(6)世界には，学校に通うことができない子どもたちがたくさんいます。

　　There are (school / cannot / many children / go / that / to).

(Challenge!の解答はp.107)

発音クリニック

Cacao beans were shipped | to Europe | by the Spanish | in the 16th century.
カカオ豆は船で運ばれました　　ヨーロッパに　スペイン人によって　16世紀に

(p.99より)

単語・語句 **QR**

□ website [ウェブサイト] 名 ウェブサイト

□ Mexico [メクスィコウ] 名 メキシコ

□ crush(ed) [クラッシュ(ト)] 動 押しつぶす

□ cacao [カカーオウ] 名 カカオ

□ bean(s) [ビーン(ズ)] 名 豆

□ spice(s) [スパイス(ィズ)] 名 香辛料, スパイス

□ regard(ed) [リガード(リガーディド)] 動 みなす

□ valuable [ヴァリュアブル] 形 高価な

□ *regard 〜 as ...*　　〜を…とみなす

(p.103より)

 ③ 表現例
Try　This is a dish which [that] has meat and vegetables.　これは肉と野菜が入っている料理です。

Challenge! 解答 (p.106)

(1) I have an aunt who lives in Okayama.　(2) The girl who is playing the piano is my sister.

(3) This is a robot which can help farmers.　(4) The train which has just arrived goes to Otaru.

(5) Do you know a shop that sells nice greeting cards?

(6) There are many children that cannot go to school.

1

① 🔵 **英文と訳** 🔵

Our trip plan looked perfect. It was difficult for us to finish everything in the plan.

私たちの旅行の計画は完全であるように見えました。私たちが計画の中のすべてを終わらせるのは難しかったです。

2 **解答**

① Electronic dictionaries are small and light, but we have to scroll to see more information. <u>On the other hand</u>, paper dictionaries are big and heavy, but we can see a lot of information at the same time.

電子辞書は小さくて軽いですが,私たちはもっと多くの情報を見るにはスクロールしなければなりません。<u>一方</u>,紙の辞書は大きくて重いですが,私たちはたくさんの情報を同時に見ることができます。

② LED lights are used in many places in our daily life. <u>For example</u>, they are used for lights in our houses, bicycle lights, traffic lights, and many other things.

LEDライトは私たちの日常生活の多くの場所で使われています。<u>たとえば</u>,それらは私たちの家の明かりや,自転車の照明や,信号機や,ほかの多くのものに使われています。

3

① 🔵 **英文と訳** 🔵

A What are your hobbies? My hobby is taking walks.

あなたの趣味は何ですか。私の趣味は散歩をすることです。

B ①Going on walks is interesting. ②If you take a walk in your town, you can find many things. ③For example, you may find a temple that has an interesting history. ④You may find different plants in each season too. ⑤Taking walks is interesting because you can learn a lot.

①散歩に出かけるのはおもしろいです。②もし自分の町を散歩すれば,あなたは多くのことを見つけることができます。③たとえば,あなたはおもしろい歴史があるお寺を見つけるかもしれません。④あなたは季節ごとに違った植物も見つけるかもしれません。⑤多くのことを学べるので,散歩をすることはおもしろいのです。

C It is also fun to travel by bicycle. However, if you always ride one, you may fail to see those wonderful things.

自転車で旅行するのもまた楽しいことです。しかし,いつも自転車に乗っていると,そうしたすばらしいものを見ることができないかもしれません。

D So I like taking walks in my town, and it is my hobby.

だから,私は自分の町を散歩するのが好きで,それが私の趣味なのです。

② **解答**

Beginning(導入)　A　　Body(展開)　B, C　　Ending(まとめ)　D

4 解答

伝えたいことの主題　①

主題を支える内容　②，③，④

パラグラフの締めくくり　⑤

発音クリニック

fair [フェア] − hair [ヘア]　farm [ファーム] − harm [ハーム]　force [フォース] − horse [ホース]

☆[f フ]は下唇を上歯でさわってその間から息を強く吹く。[h ハ]は口の奥のほうから息を出す。「ハー」と手に息をふきかけるように言う。

sea [スィー] − she [シー]　sing [スィング] − thing [スィング]　sank [サンク] − thank [サンク]

☆sの[s ス]は歯をかみ合わせて，強く息を[ス]と吹く。shの[ʃ シ]は唇を突き出して，強く[シ]と息を吹く。thの[θ ス]は舌の先を軽くかんで,「ス」の息を出す。

単語・語句 QR

(教科書p.72)

- □ perfect [パーフェクト] 形 完全な，申し分ない
- □ electronic [イレクトゥラニック] 形 電子の
- □ dictionary, dictionaries [ディクショネリィ(ズ)] 名 辞典，辞書
- □ scroll [スクロウル] 動 (表示画面を)スクロールする
- □ LED [エルイーディー] 名 発光ダイオード，エルイーディー
- □ daily [デイリィ] 形 毎日の，日常の
- □ traffic light(s) [トゥラフィック ライト(ライツ)] 名 信号機
- □ *on the other hand*　一方，それに対して
- □ *in other words*　つまり，言いかえれば
- □ *at the same time*　同時に

(教科書p.73)

- □ *fail to* 〜　〜できない

1 (解答)

❶ ⓐ She is <u>looking</u> at herself in the mirror.　彼女は鏡で自分を見ています。

　ⓑ We can <u>see</u> Mt. Fuji from here.　私たちはここから富士山を見ることができます。

　ⓒ My brother always <u>watches</u> TV.　私の兄[弟]はいつもテレビを見ます。

　ⓓ I've never <u>seen</u> this butterfly before.　私は今までにこのチョウを見たことがありません。

❷ ⓐ He is <u>listening</u> to his favorite song now.　彼は今お気に入りの歌を聞いています。

　ⓑ I <u>heard</u> the sound of the piano yesterday.　私は昨日，ピアノの音を聞きました。

　ⓒ I'm happy to <u>hear</u> that.　私はそれを聞いてうれしいです。

2 (解答例)

・Let's begin today's lesson.　今日の授業を始めましょう。

・The train started from Tokyo at 9:15.　その電車は東京を 9 時15分に出発しました。

・The engine didn't start.　エンジンはかかりませんでした。

MEMO

PROGRAM 6 The Great Pacific Garbage Patch

Scenes

● ● ● ● ● ● ● ● ● ● ●

1 ものについてくわしく説明する言い方ができるようになろう。 **QR**

アイヴ ファイナリィ アライヴド イット ワザ ローング フライト
I've finally arrived. It was a long flight.

ウェルカム トゥー ワシンタン ディースィー
Welcome to Washington, D.C.

アイ ワントゥー スィー ア ラッタヴ スィングズ ヒア
I want to see a lot of things here.

ヒア イズ ア プラン (フ)ウィッチ マイ
Here is *a plan* **which** my
ファーザァ メイド フォー ユー
father made for you.

Scenes の意味

A: やっと着きました。長いフライトでした。
B: ワシントンDCへようこそ。

A: ここではたくさんのものを見たいです。
B: ここに私の父があなたのために作った計画があります。

「～が…した計画」 と「事がら」について説明するときは…

Here is *a plan* . + My father made it for you.

ここに計画があります。　　　　　　私の父があなたのためにそれを作りました。

Here is *a plan* **which** my father made for you.

「事がら」　　　　〈which＋主語＋動詞〉

> 目的語itの代わりにwhichを使って、
> 2つの文をつなげて表すよ。

ポイント！

形	〈名詞（もの・事がら）＋which＋主語＋動詞〉
意味	「もの・事がら」について説明する。「～が…する（もの・事がら）」

『前置詞の目的語の代わりをすることもある！』

This is *the book* . + I've been looking for it . これは本です。私はそれをずっとさがしていました。
　　　　　　　　　　　　　　　前置詞

This is *the book* **which** I've been looking for. これは私がずっとさがしていた本です。

> forが残るよ。

Listen クイズを聞き，内容に合うものを選びましょう。 **QR**

❶ (horses / snakes / koalas)

❷ (*yakisoba* / *udon* / *ramen*)

解答

❶ koalas

❷ *ramen*

英文 QR

❶ They are animals which we can see in some zoos. They live on trees and eat leaves.

それらは私たちが動物園で見ることができる動物です。それらは木に住んでいて葉を食べます。

❷ These are noodles which people usually eat with soup. Each area has its own soup taste.
Sapporo, Kitakata, and Hakata are famous cities for these noodles.

これらは人々がふつうはスープといっしょに食べるめん類です。それぞれの地域には独自のスープの味があります。札幌，喜多方，そして博多はこれらのめん類で有名な都市です。

Speak & Write お気に入りの作品について表現しましょう。

(例) My favorite ₁comic book is *ONE PIECE*.
It's a work which ₂I have read many times.

例文の訳

私のお気に入りのマンガの本は『ワンピース』です。それは私が何度も読んでいる作品です。

解答例

・My favorite ₁movie is *My Neighbor Totoro*. It's a work which ₂I have seen many times.

私のお気に入りの₁映画は『となりのトトロ』です。それは、₂私が何度も見た作品です。

・My favorite ₁song is *Imagine*. It's a work which ₂John Lennon sang.

私のお気に入りの₁歌は『イマジン』です。それは、₂ジョン・レノンが歌った作品です。

単語・語句 QR

□ Great Pacific Garbage Patch［グレイト パスィフィック ガービヂ パッチ］名 (theをつけて)太平洋ごみベルト(特定の海流パターンで高濃度の海洋ごみが集まる所)

□ Washington, D.C.［ワシンタン ディースィー］名 ワシントンDC(アメリカの首都)

□ area［エリア］名 地域，地方

□ *ONE PIECE*［ワン ピース］名 ワンピース(マンガのタイトル)

Try ① **表現例**

(例：Ａ -5) I want to study art in Spain.

私はスペインで美術を学びたいです。

2 人やものについてくわしく説明する別の言い方ができるようになろう。 **QR**

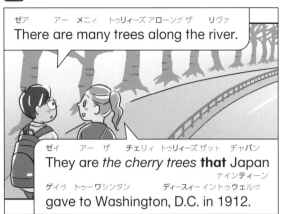

ゼア　アー　メニィ　トゥリィーズ アローング ザ　リヴァ
There are many trees along the river.

ゼイ　アー　ザ　チェリィ トゥリィーズ ザット　チャパン
They are *the cherry trees* **that** Japan
ナインティーン
ゲイヴ　トゥー ワシンタン　　ディースィー イントゥ ウェルヴ
gave to Washington, D.C. in 1912.

リーリィ
Really?

ウィー インヂョイ ザ　　チェリィ
We enjoy the cherry
ブラッサムズ　ヒア　イン スプリング
blossoms here in spring.

Scenes の意味

A: 川沿いにたくさんの木がありますね。
B: それらは1912年に日本がワシントンDCに贈った桜の木です。

A: ほんとうですか。
B: 私たちは春になるとここで桜の花を楽しみます。

「〜が…した桜の木」 と「もの」について説明するときは…

They are *the cherry trees* . + Japan gave **them** to Washington, D.C.

それらは桜の木です。　　　　　　　　　　　　　　　日本がそれらをワシントンDCに贈りました。

They are *the cherry trees* **that** Japan gave to Washington, D.C.
「もの」　　　　　　　　　　　　〈that＋主語＋動詞〉

目的語themの代わりにthatを使って，2つの文をつなげて表すよ。

ポイント！

形 〈名詞（人・もの・事がら）＋that＋主語＋動詞〉

意味 「人・もの・事がら」について説明する。「〜が…する（人・もの・事がら）」

【「人」にも使える！】

He is *the singer* **that** we like.　彼は私たちが好きな歌手です。
「人」

Listen ある事件が起きました。目撃情報を聞き，真犯人を選びましょう。

a.　　　　　b.　　　　　c.　　　　　d.

(解答)
a

対話文 QR

Policeman: Could you tell me about the man that you saw yesterday?

あなたが昨日見た男性について私に教えてくれませんか。

Witness: Sure. He was wearing a blue jacket.　いいですよ。彼は青い上着を着ていました。

Policeman: OK. Was he thin or fat?　わかりました。彼はやせていましたか，それとも太っていましたか。

Witness: He was thin.　彼はやせていました。

Policeman: I see. Is there anything else that you remember?

わかりました。あなたが覚えていることはほかに何かありますか。

Witness: Well... he had a black bag.　ええと…彼は黒いかばんを持っていました。

Policeman: Thank you for the useful information.　役に立つ情報をありがとうございました。

Speak & Write 上の人物について，持ち物などの特徴を表現しましょう。

(*a.*の例)　The bag that he ①is carrying ②has a big pocket.

例文の訳

彼が運んでいるかばんには大きなポケットがついています。

(解答例)

・(*b.*の例) The book that he ①is reading ②is red.　彼が①読んでいる本は②赤いです。

・(*c.*の例) The tie that he ①is wearing ②is red.　彼が①身につけているネクタイは②赤いです。

・(*d.*の例) The hat that he ①is wearing ②is black.　彼が①かぶっているぼうしは②黒いです。

単語・語句 QR

□ fat [ファット] 形 太った

3 人やものについてくわしく説明する言い方で，より短い言い方ができるようになろう。 `QR`

Scenes の意味

A: この辺にはたくさんの美術館がありますね。	*A:* そこに行きたいです。
B: 私がいちばん好きな美術館はこの近くにあります。	*B:* それでは行きましょう。

whichやthatが省略できる ときは…

The museum **which [that] I like the best** is near here.

　　　　　省略　〈which [that]＋主語＋動詞 ...〉

The museum 　　　　　 **I like the best** is near here.

「もの」　　　　　　　　　 〈主語＋動詞 ...〉

> which [that]のあとに〈主語＋動詞〉
> が続いているときだよ。

ポイント!

形	〈名詞(人・もの・事がら)＋主語＋動詞〉
意味	「人・もの・事がら」について説明する。「〜が…する(人・もの・事がら)」

『主語の働きをしているときは省略できない!』

He will visit *the museum* **which [that]** has Monet's paintings.　彼はモネの絵画のある美術館を訪れるでしょう。

> 動詞が続いていて，主語の働きをしているね。

Listen　あるクラスの好きな食べ物ランキングについての説明を聞き,
a. ～ *d.*を人気のある順に並べましょう。 QR

a. curry and rice　　　　　*b. ramen*
c. fried chicken　　　　　*d. sushi*
(　　　) → (　　　) → (　　　) → (　　　)

解答
a → d → c → b

英文　QR

The food students in our class like the best is curry and rice. *Sushi* is the second best. *Ramen* is the fourth most popular. Fried chicken is more popular than *ramen*.

私たちのクラスの生徒たちがいちばん好きな食べ物はカレーライスです。すしは2番目です。ラーメンは4番目に人気があります。フライドチキンはラーメンよりも人気があります。

Speak & Write　好きな食べ物や，よく食べるものなどを表現しましょう。
　　　の部分は自由にかえましょう。
(例) *A:* Beef stew is the food ₁I like the best.
　　 B: Good. I like the cream puffs ₂my brother makes for me.

例文の訳
A: ビーフシチューは私がいちばん好きな食べ物です。
B: いいですね。私は兄[弟]が私のために作ってくれるシュークリームが好きです。

解答例
・*A:* Curry and rice is the food ₁I can cook.　カレーライスは₁私が料理することができる食べ物です。
　B: Good. I like the steak ₂a restaurant near the park serves.
　　　いいですね。私は₂公園の近くのレストランが出すステーキが好きです。
・*A: Ramen* is the food ₁I often eat at night.　ラーメンは₁私がよく夜に食べる食べ物です。
　B: Good. I like the *onigiri* ₂my mother makes for me.
　　　いいですね。私は₂母が私のために作ってくれるおにぎりが好きです。

単語・語句　QR
□ stew [ステュー] 图 シチュー　　　　　　□ cream puff(s) [クリーム パフ(ス)] 图 シュークリーム

117

Think

1 太平洋の真ん中で，あるものが発見されました。 `QR`

❶ In 1997, an ocean researcher reached
<small>イン ナインティセヴァン アン オウシャン リサーチャ リーチト</small>
<small>ナインティーン</small>
1997年に 1人の海洋研究者が 到着しました

a new "land" when he was sailing across the Pacific
<small>ア ニュー ランド (フ)ウェン ヒー ワズ セイリング アクロース ザ パスィフィック</small>
新しい「陸地」に 彼が船旅をしていたとき 太平洋を越えて

Ocean. ❷ However, it was actually a huge amount
<small>オウシャン ハウエヴァ イット ワズ アクチュアリィ ア ヒューヂ アマウント</small>
しかし それは 実際は膨大な量のごみでした

of garbage floating in the ocean. ❸ The "land"
<small>アヴ ガービヂ フロウティング イン ズィ オウシャン ザ ランド</small>
海に浮かんでいる その「陸地」は

was made of big and tiny plastic pieces. ❹ It
<small>ワズ メイド アヴ ビッグ アンド タイニィ プラスティック ピースィズ イット</small>
大小のプラスチックのかけらでできていました それは

is now called the Great Pacific Garbage Patch.
<small>イズ ナウ コールド ザ グレイト パスィフィック ガービヂ パッチ</small>
今呼ばれています 太平洋ごみベルトと

> a huge amount of garbage「膨大な量のごみ」にfloating in the ocean「海に浮かんでいる」と説明を加えている。

> 〈call ~ ...〉「~を…と呼ぶ」の~を主語にした受け身の形。

本文の意味

❶1997年，1人の海洋研究者が太平洋を渡る船旅をしていたときに，新しい「陸地」に到着しました。❷しかし，それは実際には海に浮かんでいる膨大な量のごみでした。❸その「陸地」は大小のプラスチックのかけらでできていました。❹それは今，太平洋ごみベルトと呼ばれています。

❺実際は，世界には5つの小区画の海面があります。❻その研究者が太平洋で見つけた小区画は，すべての中でもっとも大きいものです。❼それは日本全土のほぼ4倍の大きさがあります。

❺ イン ファクト ゼア　　アー ファイヴ パッチィズ　　イン ザ　ワールド
In fact, there are five patches in the world.
実際は　　　　あります　　5つの小区画の海面が　世界には

❻ ザ　　パッチ　(フ)ウィッチ ザ　リサーチャ　　ファウンド
The patch which the researcher found
小区画は　　　その研究者が見つけた

イン ザ　パスィフィック イズ ザ　ラーヂェスト アヴ オール　❼ イット イズ オールモウスト
in the Pacific is the largest of all.　It is almost
太平洋で　　　　もっとも大きいです　すべての中で　それは ほぼ4倍の大きさです

フォー　タイムズ　アズ ラーヂ　アズ ザ　ホウル　　ランド　アヴ ヂャパン
four times as large as the whole land of Japan.
　　　　　　　　　　　　　　　　　日本の陸地全体の

> The patch「小区画」についてwhich the researcher found in the Pacific「その研究者が太平洋で見つけた」と説明している。

> ❻のThe patch which the researcher found in the Pacific「その研究者が太平洋で見つけた小区画」をさしている。

Q
① What was a new "land?"
何が新しい「陸地」でしたか。

② How large is the Great Pacific Garbage Patch?
太平洋ごみベルトはどのくらい大きいですか。

A　(解答例)　❶ It was a huge amount of garbage floating in the ocean. [It was the Great Pacific Garbage Patch.]
海に浮かんでいる膨大な量のごみでした。[太平洋ごみベルトでした。]

❷ It is almost four times as large as the whole land of Japan.
それは日本全土のほぼ4倍の大きさです。

単語・語句　**QR**

□ researcher [リサーチャ] 名 研究者，調査員

□ sail(ing) [セイル(セイリング)] 動 船で行く，船旅をする

□ Pacific Ocean [パスィフィック オウシャン] 名 (theをつけて)太平洋

□ actually [アクチュアリィ] 副 実際に，実のところ

□ huge [ヒューヂ] 形 巨大な

□ amount [アマウント] 名 ある量

□ float(ing) [フロウト(フロウティング)] 動 浮く，浮かぶ

□ tiny [タイニィ] 形 とても小さい

□ patch(es) [パッチ(ィズ)] 名 小区画の海面，小区画

□ whole [ホウル] 形 全体の，全部の

□ *a huge amount of* ～　膨大な量の～

□ *～ times as … as* ―　―の～倍…

2 海では，プラスチックごみによる被害が広がっています。 **QR**

❶ The garbage patches are harmful to sea animals.
ザ　ガービヂ　パッチィズ　アー　ハームフル　トゥー スィー アナマルズ
ごみの小区画は　　　　　　　　有害です　　　　海の生物たちにとって

❶のsea animals「海の生物たち」をさしている。

❷ They often get caught in fishing nets
ゼイ　オーファン ゲット コート　イン フィッシング　ネッツ
彼らは　しばしば　捕えられます　魚を捕る網に

on the surface and cannot escape. ❸ They also eat
アン ザ サーフェス　アンド キャナット　イスケイプ　ゼイ　オールソウ イート
水面の　　　　　そして 逃げることができません　彼らは さらに 食べます

small plastic pieces「小さなプラスチックのかけら」をさしている。

small plastic pieces by mistake because these pieces
スモール　プラスティック ピースィズ バイ ミステイク　ビコーズ　ズィーズ ピースィズ
小さなプラスチックのかけらを　誤って　なぜならこれらのかけらは

The plastics「プラスチック」について, that humans throw away「人間が捨てる」と説明している。

look like their food. ❹ The plastics that humans
ルック ライク ゼア フード　ザ　プラスティックス ザット ヒューマンズ
彼らの食べ物に似ているからです　プラスチックは　人間が捨てる

throw away kill many sea animals every year.
スロウ　アウェイ キル メニィ スィー アナマルズ エヴリィ イア
殺します 多くの海の生物たちを　毎年

言われている内容はthat以下で述べられている。

❺ It is said that the Great Pacific Garbage Patch
イット イズ セッド ザット ザ グレイト パスィフィック ガービヂ パッチ
言われています　太平洋ごみベルトは約8万トンのごみを含むと

contains about 80,000 tons of garbage.
カンテインズ　アバウト サウザンド タンズ アヴ ガービヂ
エイティ

本文の意味

❶ごみの小区画は海の生物たちにとって有害です。❷彼らはしばしば水面の魚を捕る網に捕えられ，逃げることができません。❸彼らはさらに誤って小さなプラスチックのかけらを食べてしまいます，なぜならこれらのかけらは彼らの食べ物に似ているからです。❹人間が捨てるプラスチックは毎年，多くの海の生物たちを殺しています。

❺太平洋ごみベルトは約8万トンのごみを含んでいると言われています。❻2050年までには魚よりもごみのほうが多くなるだろうと言う研究者もいます。❼私たちはプラスチックの使用を減らして，海のごみを集めるべきです。

There is ~.を未来の文
にした形。

サム　　　リサーチャズ　　　セイ　ザット　ゼア　　ウィル　ビー　モー
❻ Some researchers say that there will be more
なかには言う研究者もいます　　　2050年までには魚よりももっと多くのごみが

ガービヂ　　　ザン　　フィッシュ バイ フィフティ　　トゥウェンティ　　ウィー　シュッド　リデュース
garbage than fish by 2050. ❼ We should reduce
あるだろうと　　　　　　　　　　　私たちは 減らすべきです

アウア　ユース　アヴ プラスティック アンド　ギャザァ　　ザ　　ガービヂ　　イン ザ　スィー
our use of plastic and gather the garbage in the sea.
私たちのプラスチックの使用を　　そして 集める(べきです)ごみを　　　海の

① Why do sea animals eat small plastic pieces by mistake?
　　なぜ海の生物たちは誤って小さなプラスチックのかけらを食べてしまうのですか。

② What do some researchers say about the garbage?
　　研究者のなかにはごみについて何と言っている人たちがいますか。

  ❶ Because the pieces look like their food.
　　なぜならそれらのかけらは彼らの食べ物に似ているからです。

❷ They say that there will be more garbage than fish by 2050.
　　2050年までには魚よりもごみのほうが多くなるだろうと言っている人たちがいます。

単語・語句　QR

□ harmful [ハームフル] 形 有害な，危険な
□ surface [サーフェス] 名 水面，表面
□ escape [イスケイプ] 動 逃げる
□ human(s) [ヒューマン(ズ)] 名 人間
□ throw [スロウ] 動 投げる
□ contain(s) [カンテイン(ズ)] 動 ～を含む

□ ton(s) [タン(ズ)] 名 トン(重量の単位)
□ reduce [リデュース] 動 減らす
□ gather [ギャザァ] 動 集める
□ *get caught in* ~ ～に捕えられる
□ *throw away* ~ ～を捨てる
□ *It is said (that)* ~. ～と言われています。

 ② 表現例
Try
(例：B-4) I think adults can have more money than children. However, they cannot have
enough free time.
　　私は，大人は子どもより多くのお金を持つことができると思います。しかし，彼らは十分な自
由時間を持つことができません。

3 ごみベルトの問題にオランダ人の青年が挑みました。**QR**

❶ (フ)ウェン ボイアン スラット ワズ ティーン ヒー ウェント ダイヴィング／スィックス
When Boyan Slat was 16, he went diving
ボイヤン・スラットが16歳のとき　　　　　　　彼は　ダイビングをしに行きました

イン グリース ❷ ヒー ワズ サプライズド トゥー スィー
in Greece. He was surprised to see
ギリシャに　　　彼は　驚きました　　　　　　見て

ソウ マッチ ガービヂ ゼア ❸ トゥー イアズ レイタァ ヒー
so much garbage there. Two years later, he
とてもたくさんのごみを　　そこで　　　　２年後　　　　彼は

> 海にたくさんのごみがあるという問題。

スターティド ズィ オウシャン クリーナップ プラヂェクト トゥー サルヴ ズィス
started the Ocean Cleanup project to solve this
始めました　オーシャン・クリーンアップの計画を　　　　この問題を解決するために

プラブラム
problem.

> The cleanup system「清掃システム」についてBoyan invented「ボイヤンが発明した」と説明している。Boyanの前に関係代名詞which [that] が省略されている。

❹ ザ クリーナップ スィスタム ボイアン インヴェンティド カレクツ
The cleanup system Boyan invented collects
清掃システムは　　　　　　ボイヤンが発明した　集めます

プラスティック トゥラッシュ イン ズィ オウシャン ❺ ヒューヂ スクリーンズ キャッチ
plastic trash in the ocean. Huge screens catch
プラスティックのごみを　海の　　　　　巨大なスクリーン状の囲みが　捕えます

ザ プラスティック ウィザウト ハーティング スィー アナマルズ
the plastic without hurting sea animals.
プラスチックを　　海の生物たちを傷つけることなしに

本文の意味

❶ボイヤン・スラットは16歳のとき，ギリシャにダイビングをしに行きました。❷彼はそこでとてもたくさんのごみを見て驚きました。❸２年後，彼はこの問題を解決するために，オーシャン・クリーンアップの計画を始めました。

❹ボイヤンが発明した清掃システムは，海のプラスチックごみを集めます。❺巨大なスクリーン状の囲みが，海の生物たちを傷つけずにプラスチックを捕えます。

❻「私たちはみんな，現在よりもよい将来がほしくないのですか。」とボイヤンは言いました。❼「私たちは実際に状況を再びよりよくすることができます，そして私たちはこれをすることができますし，これをしなくてはなりません，そして私たちはこれをしましょう。」

❻ ドウント　ウィー　オール　ワント　ア　フューチャ　ザット　イズ　ベタァ　ザン
"Don't we all want a future that is better than
私たちはみんなほしくないのですか　将来が　　　　現在よりももっとよい

ザ　プレズント　ボイアン　セッド　　　ウィー　キャン　アクチュアリィ　メイク
the present?" Boyan said. ❼ "We can actually make
　　　　　　　　　ボイヤンは　言いました　私たちは 実際にすることができます

スィングズ　ベタァ　アゲン　　アンド　ウィー　キャン　ドゥー　ズィス　アンド　ウィー
things better again, and we can do this, and we
事態を　　よりよく　再び　　　そして 私たちは　することが　これを　　そして　私たちは
　　　　　　　　　　　　　　　　　　　　　できます

マスト　ドゥー　ズィス　アンド　ウィー　ウィル　ドゥー　ズィス
must do this, and we will do this."
しなければ　これを　　そして 私たちはしましょう　これを
なりません

> a future「将来」について，that is better than the present「現在よりももっとよい」と説明を加えている。

> make things betterは〈make ~ …〉「~を…にする」の形。
> do thisはmake things better「事態をよりよくする」をさしている。

---

① Did Boyan know about the garbage patch before going to Greece?
ボイヤンはギリシャに行く前にごみベルトについて知っていましたか。

② Does the cleanup system hurt sea animals?
清掃システムは海の生物たちを傷つけますか。

❶ No, he didn't. (He was surprised to see so much garbage there.)
いいえ，知りませんでした。(彼はそこでとてもたくさんのごみを見て驚きました。)

❷ No, it doesn't.
いいえ，傷つけません。

単語・語句 'QR

□ Boyan Slat [ボイアン スラット] 名 ボイヤン・スラット(人名)(オランダの環境保護活動家)

□ Greece [グリース] 名 ギリシャ

□ Ocean Cleanup [オウシャン クリーナップ] 名 (theをつけて)オーシャン・クリーンアップ(海洋プラスチックごみ回収)

□ project [プラヂェクト] 名 企画，計画

□ cleanup [クリーナップ] 名 掃除，清掃

□ system [スィスタム] 名 装置，システム

□ collect(s) [カレクト(カレクツ)] 動 集める

□ trash [トゥラッシュ] 名 ごみ

□ ※screen(s) [スクリーン(ズ)] 名 スクリーン，さえぎるもの(→教科書p.24 名 (スマートフォンなどの)画面)

□ hurt(ing) [ハート(ハーティング)] 動 傷つける《過去形，過去分詞形も同形》

(Tryはp.127へ)

Retell

KEY the Great Pacific Garbage Patch　太平洋ごみベルト

> ・ごみベルトの正体　　・ごみベルトの大きさ　　・その他

（表現例）

・The Great Pacific Garbage Patch is made of big and tiny plastics.

　太平洋ごみベルトは大小のプラスチックでできています。

・It is almost four times as large as the whole land of Japan.

　それは日本全土のほぼ4倍の大きさです。

KEY effect of garbage　ごみの影響

> ・生物への影響　　・その他

（表現例）

・The plastics that humans throw away kill many sea animals every year.

　毎年，人間が捨てるプラスチックが多くの海の生物たちを殺します。

KEY the Ocean Cleanup Project　オーシャン・クリーンアップ・プロジェクト

> ・プロジェクトを始めた人　　・システムのしくみ　　・その他

（表現例）

・Boyan Slat started the Ocean Cleanup project.

　ボイヤン・スラットがオーシャン・クリーンアップの計画を始めました。

・The system Boyan invented collects plastics in the ocean.

　ボイヤンが発明したシステムは，海のプラスチックを集めます。

・The system Boyan invented doesn't hurt sea animals.

　ボイヤンが発明したシステムは海の生物たちを傷つけません。

Interact

1 What's This?

例文と訳

A: First hint. It's something that we use in our daily life.

　１つ目のヒントです。それは私たちが日常の生活で使う何かです。

B: Do we use it at school?　私たちはそれを学校で使いますか。

A: Yes. I'll give you another hint.　はい。私はあなたにもうひとつのヒントをあげましょう。

　It's something that we use when we write.　それは私たちが書くときに使う何かです。

C: Is it a pen?　それはペンですか。

A: Close! The next hint. It's something that we use to mark important words.

　近いです！　次のヒントです。それは私たちが重要なことばに印をつけるために使う何かです。

D: Ah, I got it. It's a highlighter.

　ああ，私はわかりました。それは蛍光ペンです。

2 Things in Our School Life

例文と訳

Andy: What is *konaihoso*?　校内放送とは何ですか。

　You: It's an announcement which we make in the broadcasting room at school.

　　それは私たちが学校の放送室でするお知らせです。

Andy: Can I say happy birthday to my friend?　私は友だちにお誕生日おめでとうと言うことができますか。

　You: That's not a good idea. Private announcements are not allowed.

　　それはよい考えではありません。私用の知らせは認められません。

（表現例）

Andy: What is *taisofuku*?　体操服とは何ですか。

　You: They are clothes which we wear in P.E. class.　それは私たちが体育の授業で着る服です。

Andy: Can I wear the cool T-shirt I bought in Harajuku last week?

　　私は先週原宿で買ったかっこいいTシャツを着ることができますか。

　You: That's not a good idea. It is not allowed.

　　それはよい考えではありません。それは認められません。

単語・語句 'QR

□ mark [マーク] 動 印をつける

□ Andy [アンディ] 名 アンディー（男子の名）

□ broadcasting [ブロードキャスティング] 名
　放送

□ private [プライヴァット] 形 私用の

□ allow(ed) [アラウ(ド)] 動 許す，認める

□ term [ターム] 名 学期

125

英語のしくみ

1 関係代名詞(目的格) ● 例文と訳 ●

1. which

・This is the bag. I bought it yesterday.　これはかばんです。私はそれを昨日買いました。

・This is the bag which I bought yesterday.　これは私が昨日買ったかばんです。

・The cake which we ate last night was very big.　私たちが昨夜食べたケーキはとても大きかったです。

2. that

・This is the dictionary. I use it at home.　これは辞書です。私はそれを家で使います。

・This is the dictionary that [which] I use at home.　これは私が家で使う辞書です。

・That is the best book that I have ever read.　あれは私がこれまでに読んだ最高の本です。

2 関係代名詞の省略 ● 例文と訳 ●

・The old man (that) I helped yesterday was Miki's grandfather.

　私が昨日助けたお年寄りの男性は美希のおじいさんでした。

・Show me the camera (which) your father gave you.

　あなたのおとうさんがあなたにくれたカメラを私に見せてください。

Challenge!

日本文に合う英文になるように, (　　)内の語句を並べかえましょう。

(1)これはトムが作ったカレーライスです。

　This is (which / made / the curry and rice / Tom).

(2)リサが描いた絵は美しいです。

　(drew / the pictures / Lisa / which) are beautiful.

(3)これは私たちの全員が知っているたった1つの歌です。

　This is (all of us / the only / that / song / know).

(4)あなたが昨日会った女性は私の姉です。

　(that / met / you / the woman) yesterday is my sister.

(5)あなたがとった写真を私に見せてくれませんか。

　Could you (me / show / the pictures / took / you)?

(6)健が遊んでいるおもちゃは何ですか。

　What is (Ken / with / the toy / playing / is)?

(Challenge!の解答はp.127)

ディスカッションをしよう

1 英文と訳

① A: I will bring water because it is the most important to live. We cannot live without it. We use it all the time for drinking, washing our hands, cooking, and so on.

水は生きるためにいちばん重要なので，私は水を持っていきます。私たちはそれなしでは生きられません。私たちはそれを，飲むため，手を洗うため，料理をするためなど，いつでも使います。

② B: I agree with your idea. I also think it is necessary to bring something to read.

私はあなたの考えに賛成します。私は，何か読むものを持っていくことも必要だと思います。

　C: I'm not sure about books. I like reading, but we need to eat. I think a cooking knife is better.

私は本についてはよくわかりません。私は読書が好きですが，私たちは食べることが必要です。私は料理用の包丁のほうがいいと思います。

単語・語句 QR

□ ax [アックス] 名 おの
□ battery [バタリィ] 名 電池
□ blanket [ブランケット] 名 毛布
□ bucket [バケット] 名 バケツ
□ radio [レイディオウ] 名 ラジオ
□ shovel [シャヴァル] 名 シャベル，スコップ

□ sunscreen [サンスクリーン] 名 日焼け止め剤
□ tent [テント] 名 テント
□ *all the time* 　いつでも
□ *agree with ～* 　～(人)に賛成する

(p.123より)

Try

③ 表現例

(例：B -5) I think north countries are better than south ones because <u>we can enjoy winter sports</u>. What do you think?

<u>ウィンタースポーツを楽しむことができるので</u>，北国のほうが南国よりも私はよいと思います。あなたはどう思いますか。

Challenge! 解答 (p.126)

(1) This is the curry and rice which Tom made.

(2) The pictures which Lisa drew are beautiful.

(3) This is the only song that all of us know.

(4) The woman that you met yesterday is my sister.

(5) Could you show me the pictures you took?

(6) What is the toy Ken is playing with?

①

台本　)) 対話文 (　　'QR

Sakura: It smells good. What are you eating, Gen?
いいにおいですね。何を食べているのですか，源？

Gen: Hi, Sakura. I'm eating *takoyaki*.　やあ，さくら。ぼくはたこ焼きを食べています。

Sakura: Takoyaki? What's that?　たこ焼きですって？　それは何ですか。

Gen: Takoyaki is a Japanese ball-shaped snack people often eat.
たこ焼きは，人々がよく食べる，ボールの形をした日本のおやつです。

It has a piece of octopus in it.　中に小さく切ったタコが入っています。

Sakura: Let me try. Mmm, it tastes good!　私に味見させてください。うーん，おいしいです！

Where can I get this?　これはどこで買えるのですか。

Gen: At Takozo. Takozo is a local *takoyaki* shop everyone loves. It served *takoyaki* to hungry people after the war.
たこぞうです。たこぞうはみんなが大好きな地元のたこ焼き屋です。それは戦後のおなかをすかせた人々にたこ焼きを出していました。

Sakura: Wow. Takozo has an important history.　まあ。たこぞうには大切な歴史があるのですね。

Gen & Sakura: Everyone, please visit our town to enjoy Takozo's *takoyaki*!
みなさん，私たちの町に来て，たこぞうのたこ焼きを楽しんでくださいね！

(1) 解答

・２人がPRしていたものとその特色

　・たこ焼き

　・タコが中に入った，ボールの形をしたおやつ

・PRの仕方でおもしろかった部分，魅力的に思えた部分

　・たこぞうの歴史を紹介していた部分　など

③ 【コメント】　)) 例文と訳 (

Their performance had many interesting stories about .... These examples helped me understand how much people love ....
彼らの発表には，…についてのおもしろい話がたくさんありました。これらの例は，人々がどれほど…を愛しているかを理解する助けになりました。

単語・語句 'QR

(教科書p.86)

□ smell(s) ［スメル（ズ）］動 においがする

□ ball-shaped ［ボールシェイプト］形 ボールの形をした

(教科書p.87)

□ feature ［フィーチャ］名 特色，特徴

□ grown ［グロウン］動 grow（栽培する，育てる）の過去分詞形

□ percent ［パセント］名 パーセント

（続きはp.129へ）

英文 **QR**

　Your attention, please.　A fire started in the Italian restaurant on the 12th floor.　Please move to a safe place now.　Do not use the elevator.　If you are on the 12th floor, use the north exit next to the restroom.　It is near the French restaurant.　Do not use the west exit next to the *ramen* shop.　This is not a drill.

　お客様にお知らせいたします。12階のイタリアンレストランで火災が発生しました。ただちに安全な場所へ移動してください。エレベーターは使用しないでください。もし12階にいらっしゃるなら，トイレの隣にある北側非常口を使用してください。それはフレンチレストランの近くにあります。ラーメン店の隣にある西側非常口は使用しないでください。これは訓練ではありません。

1 **解答**
① イタリアンレストラン
② フレンチレストランの近くの非常口

2 **解答**
① Italian　② elevator　③ French

単語・語句 **QR**
□ north [ノース] 名 形 北(の)
□ west [ウェスト] 名 形 西(の)
□ east [イースト] 名 形 東(の)
□ south [サウス] 名 形 南(の)

□ exit [イグズィット] 名 出口
□ Italian [イタリャン] 形 イタリアの
□ drill [ドゥリル] 名 訓練

(p.128より)

単語・語句 **QR**
(教科書p.88)
□ sheet [シート] 名 用紙
□ excellent [エクサラント] 形 すばらしい，優れた
□ ※fair [フェア] 形 まあまあの，並みの(→教科書p.68 形 公正な，適正な)
□ intonation [イントウネイション] 名 抑揚，イントネーション

□ pause(s) [ポーズ(ィズ)] 名 間(ま)，休止
□ emotional [イモウショヌル] 形 感情の，感情的な
□ explanation [エクスプラネイション] 名 説明
□ logical [ラジカル] 形 論理的な
(教科書p.89)
□ *both ~ and ...* ～と…の両方，～も…も

PROGRAM

7

Is AI a Friend or an Enemy?

Scenes

1 「もしだれかが〜だったら」と仮定した言い方ができるようになろう。**QR**

ゼア　アー　トゥー メニィ　スィングズ ヒア
There are too many things here!

アイ　ハフタ　クリーン アップ ズィス ルーム
I have to clean up this room.

イフ アイ ワー　　ユー　アイ ウッド
If I were you, **I would**
アスク サムワン　　トゥー ヘルプ
ask someone to help.

キャニュー　ヘルプ ミー
Can you help me?

Scenes の意味

A: ここにはずいぶんたくさんのものがありますね。
B: 私はこの部屋をきれいにしなければいけません。

A: もし私があなただったら，だれかに手伝ってもらうように頼むでしょう。
B: 手伝ってもらえますか。

「もし〜だったら，…するだろうに」 と現在の事実と違うことを仮定して言うときは…

If I were you, I would ask someone to help.

原形

ifのあとの動詞はwereだよ。主語がIでもwereを使うよ。wereでも現在のことを表すよ。

〈would＋動詞の原形〉で表すよ。

ポイント！	
形	〈If＋主語＋were 〜, 主語＋would [could]＋動詞の原形 ....〉
意味	「もし〜だったら，…する[できる]だろうに」

〖couldを使うこともある！〗

If Saki **were** free, she **could** go shopping with us.　もし沙紀がひまなら，私たちと買い物に行けるでしょうに。

話しことばではwasを使うこともあるよ。

「…できるだろうに」という意味を表すよ。

Listen 3つの対話を聞き，内容に合う絵を選びましょう。**QR**

❶ (　　　　) ❷ (　　　　) ❸ (　　　　)

a.　　　　　*b.*　　　　　*c.*　　　　　*d.*

（解答）
❶ b
❷ d
❸ c

●）**対話文**《　**QR**

❶ *Jun:* What happened? You look sick.　何かあったのですか。あなたは病気のように見えます。

Ann: I have a fever, but I have a lot of things to do.

私は熱がありますが，私にはたくさんのすることがあります。

Jun: If I were you, I would go and see a doctor soon.

もし私があなただったら，すぐに医者に行って，みてもらうでしょうに。

❷ *Jun:* Did something good happen? You look happy.

何かよいことが起こったのですか。あなたは幸せそうに見えます。

Ann: Yes. My grandparents gave me some money.　はい。祖父母が私にお金をいくらかくれました。

Jun: Really? If I were you, I would buy a new dictionary.

ほんとうですか。もし私があなただったら，新しい辞書を買うでしょうに。

❸ *Boy:* You have an exam tomorrow, right?　あなたは明日，試験があるのですよね。

Sister: I know, but this TV program is very interesting.

わかっています，でもこのテレビ番組はとてもおもしろいのです。

Boy: If I were you, I would turn off the TV and study hard.

もし私があなただったら，テレビを消していっしょうけんめいに勉強するでしょうに。

Speak & Write 自分が動物だったらどんなことをしたいか，表現しましょう。

(例) If I were ₁a bird, I would ₂fly to many places.

●）**例文の訳**《

もし私が鳥だったら，多くの場所へ飛んで行くでしょう。

（解答例）

・If I were ₁a panda, I would ₂sleep all day.　もし私が₁パンダだったら，₂一日じゅう寝るでしょうに。

・If I were ₁a fish, I would ₂swim in the deep sea.　もし私が₁魚だったら，₂深い海の中を泳ぐでしょうに。

単語・語句 **QR**

□ AI［エイアイ］名 エーアイ，人工知能（＝ artificial intelligence）

□ enemy［エナミィ］名 敵，敵対者

□ grandparent(s)［グラン(ド)ペアレント(グラン(ド)ペアランツ)］名 祖父，祖母

□ exam［イグ**ザ**ム］名 試験

□ deep［ディープ］形 深い

□ *clean up* ～　～をきれいに掃除する

(Tryはp.135へ)

2 「もしだれかが〜したら」と仮定した言い方ができるようになろう。 QR

Scenes の意味

A: 私は疲れました。休みませんか。
B: はい。私たちはずっと働き続けています。

A: 私は何か食べるものがほしいです。
B: もしおやつがあれば，私は元気が出るでしょうに。

「もし〜したら，…だろうに」 と現在の事実と違うことを仮定して言うときは…

If I had some snacks, I would feel better.

原形

ifのあとの動詞は過去形だよ。
過去形でも現在のことを表すよ。

〈would＋動詞の原形〉で表すよ。

ポイント！

形	〈If＋主語＋動詞の過去形 〜, 主語＋would [could]＋動詞の原形 ....〉
意味	「もし〜したら，…する[できる]だろうに」

『ifのあとが現在形なら「起こる可能性がある」！』

If Ken **has** time now, he will help us.　もし今，健に時間があれば，私たちを手伝ってくれるでしょう。
現在形
健は今，時間があるかもしれない。→手伝ってくれる可能性がある。

If Ken **had** time now, he would help us.　もし今，健に時間があれば，私たちを手伝ってくれるでしょうに。
過去形
健は今，時間がない。→手伝ってくれる可能性はない。

Listen サムと久美の対話を聞き，内容に合うものを選びましょう。 **QR**

❶ サムはジョンの電話番号を（　知っている / 知らない　）。

❷ 久美はミュージカルのチケットを（　持っている / 持っていない　）。

❸ ジョンはサムと同じバスケットボールチームに（　入っている / 入っていない　）。

(解答)

❶ 知らない

❷ 持っていない

❸ 入っていない

対話文 **QR**

❶ *Kumi:* Do you know where John is?　あなたはジョンがどこにいるか知っていますか。

Sam: I don't know. If I knew his phone number, I would ask him for you.

私は知りません。もし彼の電話番号を知っていれば，私はあなたのために彼にたずねるでしょうに。

❷ *Sam:* This musical is very interesting, but it's difficult to get tickets.

このミュージカルはとてもおもしろいですが，券を手に入れるのが難しいです。

Kumi: I know. If I had tickets, I would see it with John.

そうですね。もし券を持っていれば，私はジョンとそれを見るでしょうに。

❸ *Kumi:* John is good at all sports, but he doesn't belong to any team.

ジョンはすべてのスポーツが得意ですが，彼はどのチームにも所属していません。

Sam: Right. If he belonged to our basketball team, he would be one of the best players.

そのとおりです。もし私たちのバスケットボールチームに所属していれば，彼は最高の選手の1人になるでしょうに。

Speak & Write もし100万円を持っていたらどんなことをしたいか，表現しましょう。

(例) If I had one million yen, I would travel around Japan.

例文の訳

もし100万円を持っていれば，私は日本じゅうを旅行するでしょうに。

(解答例)

・If I had one million yen, I would buy many video games.

もし100万円を持っていれば，私は多くのテレビゲームを買うでしょうに。

・If I had one million yen, I would eat delicious dinner at the restaurant.

もし100万円を持っていれば，私はレストランでおいしい夕食を食べるでしょうに。

単語・語句 **QR**

□ knew [ニュー] 動 know（知る）の過去形

□ musical [ミューズィカル] 名 ミュージカル

□ ticket(s) [ティケット（ティケッツ）] 名 券, 切符

□ *have a break*　休憩する

---

3 「〜だったらよかったのに」と仮定した言い方ができるようになろう。 **QR**

Scenes の意味

A: 見て。何か輝くものが空を飛んでいます。 B: 何ですって。それはどこですか。	A: あれはUFOですか。カメラを持っていればなあ。 B: 私には何も見えません。あなたは疲れているにちがい ありません。

「〜であればなあ」 と現在の事実と違う願望を言うときは…

I | **wish** | I | **had** | a camera with me.

wishを使うよ。wishのあとの動詞は過去形だよ。
話し手の残念な気持ちが含まれているよ。

ポイント！

形	〈I wish＋主語＋(助)動詞の過去形〜.〉
意味	「〜であればなあ／〜だったらよかったのに」

『wishのあとの動詞の形に注意！』

Some people wish they **could** start their lives again.　人生をもう一度始められればなあと思う人々もいます。
主語→ I 以外も主語になる

助動詞も過去形にするよ。

I wish Eric **were** on our team.　エリックが私たちのチームにいればなあ。

be動詞は原則wereを使うよ。

Listen　純とアンの対話を聞き，内容に合うものを選びましょう。QR

❶ 純は加奈の電話番号を（　知っている / 知らない　）。

❷ 純はピアノをひくことが（　できる / できない　）。

❸ アンたちのいる部屋には暖房が（　ある / ない　）。

解答

❶ 知らない

❷ できない

❸ ない

対話文　QR

❶ *Jun:* Kana is very kind and friendly. I wish I knew her phone number.
　　　加奈はとても親切で親しみやすいです。彼女の電話番号を知っていればなあ。

　Ann: How about asking her?　彼女にたずねてはどうですか。

❷ *Ann:* Today's piano concert was very good.　今日のピアノコンサートはとてもよかったです。

　Jun: Yeah. I wish I could play the piano too.　ええ。私もピアノがひければなあ。

❸ *Jun:* Wow, we got a lot of snow!　うわー，雪がたくさん降りました！

　Ann: It's very cold. I wish there were a heater in this room.
　　　とても寒いです。この部屋に暖房器具があればなあ。

Speak & Write　会ってみたい有名人や，その人としたいことについて表現しましょう。

（例）I wish I could talk with Oda Nobunaga.

例文の訳

織田信長と話すことができればなあ。

解答例

・I wish I could play tennis with Osaka Naomi.　大坂なおみとテニスをすることができればなあ。

・I wish I could shake hands with Fujii Sota.　藤井聡太と握手することができればなあ。

・I wish I could learn *kendo* from Miyamoto Musashi.　宮本武蔵から剣道を習うことができればなあ。

単語・語句　QR

□ heater [ヒータァ] 名 暖房器具，ヒーター　　　□ *shake hands with* ～　～と握手する

□ shake [シェイク] 動 振る

(p.131より)

Try

① 表現例

The game I cannot forget is the last one in the city tournament. I played soccer.

私が忘れられない試合は市のトーナメントで最後の試合です。私はサッカーをしました。

135

Think

1 ネットショッピングをしている母（Helen）に，ダニエルが話しかけます。 **QR**

〈疑問詞＋to＋動詞の原形〉の形で，疑問詞のところがwhich oneとなっている。oneはvacuum cleaner「掃除機」の代わりをしている。

Daniel: ❶ ワット アー ユー サーチング フォー マム
What are you searching for, Mom?
あなたは何をさがしているのですか　　　　おかあさん

Helen: ❷ アイ ワントゥー バイ ア ニュー ヴァキュアム クリーナァ バット
I want to buy a new vacuum cleaner but
私は 買いたいです　　　新しい掃除機を　　　　　しかし

キャナット ディサイド ウィッチ ワン トゥー バイ
cannot decide which one to buy.
決めることができません　どの掃除機を買えばよいかを

現在の事実と違うことを仮定している文。過去形でも現在のことを仮定している。

Daniel: ❸ イフ アイ ワー ユー アイ ウッド バイ ア ロウバット ヴァキュアム
If I were you, I would buy a robot vacuum
もし私があなただったら　私は 買うでしょう　　ロボットの掃除機を

クリーナァ
cleaner.

Helen: ❹ ザット サウンズ グッド
That sounds good.
それは よさそうに聞こえます

Daniel: ❺ バイ ザ ウェイ ハウ キャン イット クリーン ルームズ
By the way, how can it clean rooms
ところで　　　どうやって それは掃除することが 部屋を
　　　　　　　　　　　　　　できるのですか

アヴ ディフラント シェイプス
of different shapes?
いろいろな形の

本文の意味

ダニエル：❶何をさがしているの，おかあさん。

ヘレン：❷新しい掃除機を買いたいんだけど，どの掃除機を買えばいいか決められないのよ。

ダニエル：❸ぼくがおかあさんなら，ロボット掃除機を買うよ。

ヘレン：❹それはよさそうね。

ダニエル：❺ところで，どうやっていろいろな形の部屋を掃除できるのかな。

ヘレン：❻内部にAIがあるから，部屋の地図を覚えているのよ。

ダニエル：❼うわー！　❽AI ってすごいね！

ヘレン：❾そうね。❿AIはオンラインの買い物の記録をとっておいて，次に何を買ったらいいか提案することもできるのよ。

ダニエル：⓫でも，そのせいで買い物をしすぎちゃうね。

Helen: ❻ It has AI inside, so it remembers the maps
イット　ハズ　エイアイ インサイド　　ソウ イット リメンバァズ　　ザ　　マップス
それは　持って　AIを　内部に　　それで それは 覚えています　地図を
い="います

> ❸ の a robot vacuum cleaner「ロボット掃除機」をさしている。

of the rooms.
アッ ザ　　ルームズ
部屋の

Daniel: ❼ Wow! ❽ AI is amazing!
ワウ　　　　エイアイ イズ アメイズィング
うわー　　AIは　すばらしいです

Helen: ❾ Yes. ❿ AI can also keep your online
イェス　　　エイアイ キャン　オールソウ キープ　ユア　　アンライン
はい　　AIは　とっておくこともできます　あなたのオンラインの

shopping records and suggest
シャピング　　レカァヅ　　アンド　サグヂェスト
買い物の記録を　　　　そして　提案する(こと もできます)

> what to ～「何を～したらよいか」の形。suggestの目的語になっている。

what to buy next.
(フ)ワット　トゥーバイ　　ネクスト
次に何を買ったらよいかを

Daniel: ⓫ But it makes you buy too much.
バット　イットメイクス　ユー　バイ　トゥー　マッチ
しかし それは あなたに 買わせます　　あまりにたくさん

> 〈make＋目的語＋動詞の原形〉「～に…させる」の文。
> itはAIをさしている。

---

① Why can the robot vacuum cleaner clean rooms of different shapes?
なぜロボット掃除機はいろいろな形の部屋を掃除することができるのですか。

② What does AI do when you buy something on the internet?
あなたがインターネットで何かを買うとき，AIは何をしますか。

---

  ❶ Because it has AI inside, and it remembers the maps of the rooms.
それは内部にAIがあって，それが部屋の地図を覚えているからです。

❷ It keeps our [my] online shopping records and suggests what to buy next.
それは私たちの[私の]オンラインの買い物の記録をとっておいたり，次に何を買ったらよいか提案したりします。

(単語・語句はp.145へ)

137

教科書 p.95

2 AI技術は何がすぐれているのでしょうか。 QR

a level「水準」について, that is difficult for humans to imagine「人間が想像するのが難しい」と説明している。humansは to imagine の意味上の主語。

❶ Today AI has developed to a level
今日 AIは 発展しました 水準まで

that is difficult for humans to imagine.
人間が想像するのが難しい

❷ *Shogi* is an excellent example.
将棋は 1つのすばらしい例です

50,000 games「5万局」にplayed by experts「達人によって行われた」と説明を加えている。

❸ The computer program Ponanza studied 50,000
コンピュータプログラムのポナンザは 学びました 5万局を

games played by experts. ❹ It also played
達人によって行われた それは さらに しました

seven million more games against another Ponanza.
さらに700万局を 別のポナンザに対して

達人と5万局, 別のポナンザとさらに700万局の対局を行ったことをさしている。

❺ By doing so, it found how to select the best move
そうすることによって それは 見つけました 選ぶ方法を 最善の指し手を

from millions of choices. ❻ In 2013, Ponanza finally
何百万もの選択肢から 2013年に ポナンザは ついに

beat an expert.
打ち負かしました 達人を

本文の意味

❶今日, AI は人間が想像するのが難しい水準まで発展しました。❷将棋は1つのすばらしい例です。❸コンピュータプログラムのポナンザは, 達人によって行われた5万局を学びました。❹また, 別のポナンザとさらに700万局の対局をしました。❺そうすることによって, 何百万もの選択肢の中から最善の指し手を選ぶ方法を見つけたのです。❻2013年に, ポナンザはついに達人を打ち負かしました。

❼AIはたくさんの情報をすぐに保存したり処理したりすることができます。❽もし人間に同じ能力があれば, ポナンザを打ち負かすチャンスがあるでしょうに。❾今は, 人間がAIから将棋を学んでいるのです。

138

エイアイ　キャン　ストー　　アンド　プラセス　　ア　ラッタヴ　インファメイション
❼ AI can store and process a lot of information
AIは　保存したり処理したりすることができます　たくさんの情報を

クウィックリィ　　イフヒューマンズ　ハッド　ザ　セイム　アビラティズ　ゼイ
quickly. ❽ If humans had the same abilities, they
すぐに　　　　　もし人間が持っていれば　　同じ能力を　　　　　彼らには

ウッド　　　ハヴァ　チャンス　　トゥー　ビート　パナンザ　　　　ナウ
would have a chance to beat Ponanza. ❾ Now
あるでしょうに　チャンスが　ポナンザを打ち負かす　　　　今は

ヒューマンズ　ラーン　ショウギ　フラム　エイアイ
humans learn *shogi* from AI.
人間が　　学びます　将棋を　AIから

> 現在の事実と違うことを仮定している文。
> theyはhumans「人間」をさしている。

> to beat Ponanza「ポナンザを打ち負かす」は a chance「チャンス」の内容を表している。

---

① How many games did Ponanza play against another Ponanza?
ポナンザは別のポナンザに対して何局の対局をしましたか。

② What can AI do quickly?
AIはすぐに何をすることができますか。

  ❶ It played seven million more games (against another Ponanza).
それは(別のポナンザと)さらに700万局の対局をしました。

❷ It can store and process a lot of information quickly.
それはたくさんの情報をすぐに保存したり処理したりすることができます。

単語・語句 **QR**

- ※develop(ed)［ディ**ヴェ**ラップ(ト)］動 発展する(→教科書p.12 動 発展させる，開発する)
- level［**レ**ヴァル］名 水準，段階
- imagine［イ**マ**ヂン］動 想像する
- Ponanza［パ**ナ**ンザ］名 ポナンザ(コンピュータ将棋ソフトの名)
- expert(s)［**エ**クスパート(**エ**クスパーツ)］名 熟練者，達人
- select［スィ**レ**クト］動 選ぶ
- choice(s)［**チョ**イス(ィズ)］名 選択肢
- process［**プラ**セス］動 処理する，整理する
- quickly［ク**ウィ**ックリィ］副 すぐに，速く
- ability, abilities［ア**ビ**ラティ(ズ)］名 能力
- chance［**チャ**ンス］名 機会，チャンス

---

 ② 表現例

Try If I were a pilot, I would fly around the world.
もし私がパイロットだったら，私は世界じゅうを飛びまわるでしょう。

139

3 人類は未知の時代へと，足を踏み入れようとしています。 **QR**

エイアイ メイクス　アウア ライヴズ　モー　カンヴィーニャント
❶ AI makes our lives more convenient.
AIは　します　私たちの生活を　もっと便利に

〈I wish＋主語＋助動詞の過去形～．〉のIがSome peopleになった形。

サム　ピープル　ウィッシュ エイアイ ウッド　ドゥー エヴリスィング
❷ Some people wish AI would do everything
何人かの人々は　AIがしてくれればなあと思います　すべてを

フォー ゼム　ハウエヴァ　ウィー シュッド　ノウ
for them. **❸** However, we should know
彼らのために　しかし　私たちは 知るべきです

❷のAIをさしている。

ボウス　ザ　グッド　アンド　バッド　ポインツ　アヴ イット
both the good and bad points of it.
よい点も悪い点も　それの

イン ザ　メディカル　フィールド　フォー イグザンプル
❹ In the medical field, for example:
医療の分野では　たとえば

エイアイ メイ　ファインド ディズィーズィズ　ライク キャンサァ　ベタァ　アンド
・**❺** AI may find diseases like cancer better and
AIは 見つけるかもしれません　病気を　がんのような　もっとじょうずに そして

ファスタァ ザン　ヒューマンズ
faster than humans.
もっと速く 人間よりも

エイアイ メイ　ドゥー アパレイションズ　モー　カレクトリィ
・**❻** AI may do operations more correctly
AIは するかもしれません　手術を　もっと正確に

ザン　ヒューマンズ
than humans.
人間よりも

本文の意味

　❶AIは私たちの生活をもっと便利にします。**❷**AIが自分たちのために何でもやってくれればいいのになあと思う人々もいます。**❸**しかし，私たちはそのよい点も悪い点も知るべきです。**❹**たとえば，医療の分野では，
　・**❺**AIはがんのような病気を人間よりもじょうずに速く見つけるかもしれません。
　・**❻**AIは人間よりも正確に手術をするかもしれません。
❼一方，
　・**❽**人間の医師は仕事を失うかもしれません。
　・**❾**AIは患者の気持ちを理解しないかもしれません。
❿AIは信じられないスピードで発展しています。**⓫**これからは，私たちはAIといっしょに，どのように生きることができるでしょうか。

❼ On the other hand:
アン　ズィ　アザァ　　ハンド
一方

> ❺, ❻の「AIのよい点」と, ❽, ❾の「AIの悪い点」を対比している。

・❽ Human doctors may lose their jobs.
ヒューマン　ダクタァズ　メイ　ルーズ　ゼア　チャブズ
人間の医師は　　　　失うかもしれません 彼らの仕事を

・❾ AI may not understand patients' feelings.
エイアイ メイ　ナット アンダァスタンド　ペイシャンツ　フィーリングズ
AIは 理解しないかもしれません　　患者の気持ちを

❿ AI has been developing at an unbelievable speed.
エイアイ ハズ　ビン　ディヴェラッピング　アットアン アンビリーヴァブル　スピード
AIは 発展しています　　　信じられないスピードで

> 〈has been + 動詞の-ing形〉の形で,「(ずっと)〜している」という動作の継続を表している。

⓫ How can we live together with AI from now on?
ハウ　キャン ウィー リヴ タゲザァ　ウィズ エイアイ フラム　ナウ　アン
どのように 私たちは生きることが いっしょに　AIと　これからは
できるでしょうか

Q
① What do some people wish from AI?
　AIから何をしてほしいと思っている人々がいますか。
② Will AI change our lives more?
　AIは私たちの生活をもっと変えるでしょうか。

A (解答例)
❶ They wish AI would do everything for them.
　AIが彼らのためにすべてをしてくれればなあと思っている人々がいます。
❷ Yes, it will. (AI has been developing at an unbelievable speed.)
　はい, 変えるでしょう。(AIは信じられないスピードで発展しています。)

単語・語句 QR

□ convenient [カンヴィーニャント] 形 便利な

□ disease(s) [ディズィーズ(ィズ)] 名 病気

□ cancer [キャンサァ] 名 がん(病名)

□ operation(s) [アパレイション(ズ)] 名 手術

□ correctly [カレクトリィ] 副 正しく, 正確に

□ ※human [ヒューマン] 形 人間の(→教科書 p.79 名 人間)

□ patient(s) [ペイシャント(ペイシャンツ)] 名 患者

□ feeling(s) [フィーリング(ズ)] 名 気持ち, 感情

□ unbelievable [アンビリーヴァブル] 形 信じられない

□ *from now on*　これからは

Try ③ (表現例)
My favorite memory of my school life is our school trip to Tokyo.
私の学校生活の大好きな思い出は, 東京への修学旅行です。

Retell

② ● ● ● ● ● ● ● ● ● ●

KEY　AI at home　家庭でのAI

・ロボット掃除機のしくみ　　・その他

（表現例）

・Some robot vacuum cleaners have AI inside, so they remember the maps of the rooms.
　いくつかのロボット掃除機は内部にAIがあるので，部屋の地図を覚えています。

KEY　Ponanza　ポナンザ

・ポナンザが人間に勝った年　　・ポナンザが勝てた理由　　・その他

（表現例）

・Ponanza beat a *shogi* expert in 2013.
　ポナンザは2013年に将棋の達人を打ち負かしました。

・Ponanza found how to select the best move by studying and playing many games.
　ポナンザはたくさんの対局を学んだり行ったりすることによって，最善の指し手を選ぶ方法を見つけました。

KEY　the good and bad points of AI　AIのよい点と悪い点

・よい点　　・悪い点　　・その他

（表現例）

・AI doctors may do many things better than human doctors.
　AIの医師は人間の医師よりも多くのことをじょうずにするかもしれません。

・AI doctors may not understand patients' feelings.
　AIの医師は患者の気持ちを理解しないかもしれません。

Interact

1　If I Had Doraemon's "Time Machine," ....

例文と訳

If I had Doraemon's "Time Machine," I would go to Egypt about 4,500 years ago. I want to solve the mystery of the pyramids because nobody knows how they were built. I wish I could learn this secret.

もし私がドラえもんの「タイムマシン」を持っていれば，約4,500年前のエジプトに行くでしょうに。私はピラミッドのなぞを解きたいのです，なぜならそれらがどのようにして建てられたか，だれも知らないからです。私はこの秘密を学ぶことができればなあと思います。

表現例

 If I had Doraemon's "Anywhere Door," I would go to Australia in August. I like skiing, but we can ski only for two or three months in Japan. I wish I could enjoy skiing all year.

もし私がドラえもんの 「どこでもドア」 を持っていれば，8月にオーストラリアに行くでしょうに。私はスキーをするのが好きですが，日本では２，３か月間しかスキーをすることができません。私は一年じゅうスキーをして楽しめればなあと思います。

2　My Wish in My Town

例文と訳

A: If there were a stadium in this town, we could enjoy various events like soccer games and music concerts.   What do you think?

この町に競技場があったら，私たちはサッカーの試合や音楽のコンサートのようないろいろな行事を楽しむことができるでしょうに。あなたはどう思いますか。

B: I think so too. Besides, if it had a roof, we could enjoy many events even on rainy days.

私もそう思います。そのうえ，もしそれに屋根があれば，私たちは雨の日でも多くの行事を楽しむことができるでしょうに。

単語・語句 QR

□ Time Machine [**タイム** マシーン] 图 タイムマシン(ドラえもんの秘密道具)
□ Anywhere Door [**エ**ニ(フ)ウェア ドー] 图 どこでもドア(ドラえもんの秘密道具)
□ Hopter [**ハ**プタァ] 图 タケコプター (ドラえもんの秘密道具)
□ Shrink Ray [シュ**リ**ンク レイ] 图 スモールライト(ドラえもんの秘密道具)
□ pyramid(s) [**ピ**ラミッド] 图 ピラミッド
□ nobody [**ノ**ウバディ] 代 だれも〜ない
□ various [**ヴェ**リアス] 形 いろいろの，さまざまな

143

英語のしくみ

1 仮定法過去　●)) 例文と訳 ((

1.〈If＋主語＋be動詞〉の場合

・If I were a dog, I would sleep all day.　もし私がイヌだったら, 一日じゅう寝ているでしょうに。

・If Ami were here, she would help me.　もし亜美がここにいたら, 私を手伝ってくれるでしょうに。

2.〈If＋主語＋一般動詞〉の場合

・If I knew Taro's phone number, I could call him.

　もし太郎の電話番号を知っていれば, 私は彼に電話をすることができるでしょうに。

・If we had a lot of money, we could buy the car.

　もしたくさんのお金を持っていれば, 私たちはその車を買うことができるでしょうに。

　●Ifに続く文は現在形か過去形か

　　・If it is sunny tomorrow, I will play tennis.　もし明日晴れれば, 私はテニスをするでしょう。

　　・If it were sunny today, I would play tennis.　もし今日晴れていたら, 私はテニスをするでしょうに。

Challenge!

日本文に合う英文になるように, (　　)に適する語を書きましょう。

(1)もし私があなただったら, 最初に宿題をするでしょうに。

　If I (　　　　) you, I (　　　　) (　　　　) your homework first.

(2)もし彼女が私のクラスメートだったら, 私たちは毎日お互いと話すことができるでしょうに。

　If she (　　　　) my classmate, we (　　　　) (　　　　) with each other every day.

(3)もしネコを飼っていれば, 私は今もっと幸せでしょうに。

　If I (　　　　) a cat, I (　　　　) (　　　　) happier now.

2 〈I wish＋主語＋(助)動詞の過去形〉　●)) 例文と訳 ((

・I wish I could play the guitar.　ギターをひくことができればなあ。

・I wish Doraemon were at home.　ドラえもんが家にいればなあ。

・I wish I knew the answer.　その答えを知っていればなあ。

Challenge!

日本文に合う英文になるように, (　　)に適する語を書きましょう。

(1)たくさん時間があればなあ。

　I (　　　　) I (　　　　) a lot of time.

(2)じょうずにテニスができればなあ。

　I (　　　　) I (　　　　) (　　　　) tennis well.

(3)彼がここにいればなあ。

　I (　　　　) he (　　　　) here.

(Challenge!の解答はp.145)

(p.137より)

単語・語句 QR

☐ vacuum［ヴァキュアム］名（vacuum cleanerで）電気掃除機

☐ cleaner［クリーナァ］名 掃除機

☐ shape(s)［シェイプ(ス)］名 形

☐ inside［インサイド］副 内部に

☐ map(s)［マップ(ス)］名 地図

☐ online［アンライン］形 オンラインの

☐ suggest［サグヂェスト］動 提案する，すすめる

☐ search for～　～をさがす

Challenge! 解答 (p.144)

1 (1) were [was], would do　(2) were [was], could talk　(3) had, would be

2 (1) wish, had　(2) wish, could play　(3) wish, were [was]

145

QR **1**

❶ ワン チャイルド ワン ティーチャ ワン ブック アンド ワン ペン
"One child, one teacher, one book, and one pen
1人の子ども 1人の教師 1冊の本 そして 1本のペンが

キャン チェインヂ ザ ワールド エデュケイション イズ ズィ オウンリィ
can change the world. **❷** Education is the only
変えることができます 世界を 教育は たった1つだけの解決策です

サルーション エデュケイション ファースト アン ヂュライ トウェルフス サーティーン トウェンティ
solution. **❸** Education first." **❹** On July 12, 2013,
教育です まずは 2013年7月12日に

Malala Yousafzai 「マ
ララ・ユスフザイ」を補
足説明している。

マラーラ ユサフザイ ア パキスタニ スクールガール スポウク
Malala Yousafzai, a Pakistani schoolgirl, spoke
マララ・ユスフザイは パキスタン人の女子生徒である 演説しました

アット ザ ユーナイティッド ネイションズ フォー ザ ライツ アヴ チルドゥレンズ
at the United Nations for the rights of children's
国際連合で 権利を求めて 子どもたちの教育の

エデュケイション イン ザ ワールド
education in the world.
世界の

本文の意味

1 **❶**「1人の子ども，1人の教師，1冊の本，そして1本のペンが世界を変えることができます。
❷教育が唯一の解決策です。**❸**まず教育を。」 **❹**2013年7月12日，パキスタン人の女子生徒である
マララ・ユスフザイは，世界の子どもたちの教育の権利を求めて，国際連合で演説しました。**❺**演説
を聞いていたすべての人々は，彼女のことばに深く感動しました。**❻**国際連合はその日をマララ・デー
と呼びました。**❼**彼女の16回目の誕生日でした。

2 **❽**演説の約9か月前，マララは殺し屋によって撃たれました。**❾**なぜ彼女は襲われたのでしょう
か。

❺ オール ザ ピープル リスニング トゥーハー スピーチ ワー ディープリィ
All the people listening to her speech were deeply
すべての人々は 彼女の演説を聞いていた 深く感動しました

ムーヴド バイ ハー ワーヅ ザ ユーエン コールド ザ ディ
moved by her words. ❻ **The U.N. called the day**
彼女のことばによって 国際連合は 呼びました その日を

マラーラ ディ イットワズ ハー ティーンス バースデイ
Malala Day. ❼ **It was her 16th birthday.**
マララ・デーと それは 彼女の16回目の誕生日でした

アバウト ナイン マンスス ビフォー ハー スピーチ マラーラ
❷ ❽ **About nine months before her speech, Malala**
彼女の演説の約9か月前 マララは

ワズ シャット バイ ア ガンマン (フ)ワイ ワズ シー アタックト
was shot by a gunman. ❾ **Why was she attacked?**
撃たれました 殺し屋によって なぜ 彼女は襲われたのでしょうか

> listening to her speech「彼女の演説を聞いている」がAll the people「すべての人々」に説明を加えている。

> 〈call ～ ...〉「～を…と呼ぶ」の文。～にあたるのがthe day「その日」、...にあたるのがMalala Day「マララ・デー」。

> Why のうしろに〈be動詞＋過去分詞〉の疑問文の形が続いている。

Guess 解答例

・"One child, one teacher, one book, and one pen"(本文❶)は何を象徴しているのでしょうか。

教育　など

Check 解答例

・マララさんは国連でのスピーチで何を訴えましたか。

世界の子どもたちが教育を受ける権利

・move(本文❺)の意味を確認しましょう。

感動させる

単語・語句 QR

❶□ solution [サルーション] 名 解決策

□ Malala Yousafzai [マラーラ ユサフザイ] 名 マララ・ユスフザイ(人名)

□ Pakistani [パキスタニ] 形 パキスタン人の

□ schoolgirl [スクールガール] 名 女子生徒

□ United Nations [ユーナイティッド ネイションズ] 名 (theをつけて)国際連合(= the U.N.)

□ deeply [ディープリィ] 副 深く

□ U.N. [ユーエン] 名 (theをつけて)国際連合(= the United Nations)

□ Malala Day [マラーラ ディ] 名 マララ・デー(国連がマララさんの功績をたたえて彼女の誕生日をマララ・デーと定めた)

❷□ gunman [ガンマン] 名 殺し屋，無法者

〈be動詞＋過去分詞〉の形。「生まれた」は受け身で表す。

❶のSwat Valley「スワート渓谷」をさしている。

タリバンがマララの町に来たことをさしている。

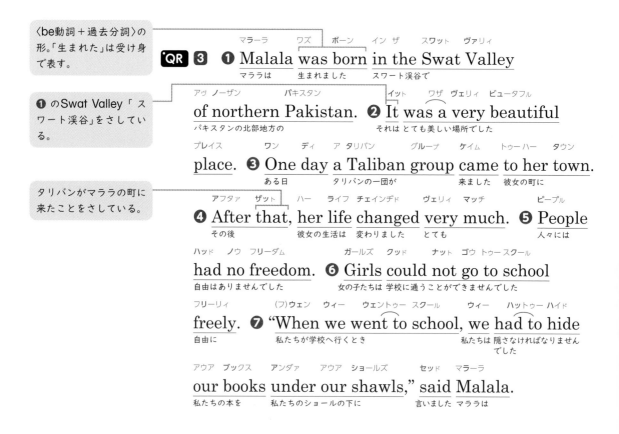

QR ❸ ❶Malala was born in the Swat Valley
マラーラ ワズ ボーン イン ザ スワット ヴァリィ
マララは 生まれました スワート渓谷で

of northern Pakistan. ❷It was a very beautiful
アヴ ノーザン パキスタン イット ワザ ヴェリィ ビュータフル
パキスタンの北部地方の それは とても美しい場所でした

place. ❸One day a Taliban group came to her town.
プレイス ワン ディ ア タリバン グループ ケイム トゥーハー タウン
ある日 タリバンの一団が 来ました 彼女の町に

❹After that, her life changed very much. ❺People
アフタァ ザット ハー ライフ チェインヂド ヴェリィ マッチ ピープル
その後 彼女の生活は 変わりました とても 人々には

had no freedom. ❻Girls could not go to school
ハッド ノウ フリーダム ガールズ クッド ナット ゴウ トゥースクール
自由はありませんでした 女の子たちは 学校に通うことができませんでした

freely. ❼"When we went to school, we had to hide
フリーリィ (フ)ウェン ウィー ウェントゥー スクール ウィー ハットゥー ハイド
自由に 私たちが学校へ行くとき 私たちは 隠さなければなりませんでした

our books under our shawls," said Malala.
アウア ブックス アンダァ アウア ショールズ セッド マラーラ
私たちの本を 私たちのショールの下に 言いました マララは

本文の意味

❸ ❶マララはパキスタンの北部地方のスワート渓谷で生まれました。❷とても美しい場所でした。❸ある日,タリバンの一団が彼女の町に来ました。❹その後,彼女の生活は大きく変わりました。❺人々に自由はありませんでした。❻女の子たちは自由に学校へ通うことができませんでした。❼「学校へ行くときには,私たちは本をショールの下に隠さなければなりませんでした。」とマララは言いました。
❹ ❽マララは自分のブログに町でのみじめな生活について書きました。❾そのことがタリバンをとても怒らせました。❿後に,2012年10月9日,殺し屋がスクールバスでマララを撃ちました。

マララの住んでいる町をさしている。

4 ⑧ Malala wrote about the miserable life there
マラーラ　ロウト　アバウト　ザ　ミズラブル　ライフ　ゼア
マララは　書きました　みじめな生活について　そこでの

in her blog. ⑨ That made the Taliban very angry.
イン　ハー　ブラグ　ザット　メイド　ザ　タリバン　ヴェリィ　アングリィ
彼女のブログに　そのことが　しました　タリバンを　とても怒った状態に

⑩ Later, on October 9, 2012, a gunman shot her
レイタァ　アン　アクトウバァ　ナインス トウェルヴ　ア　ガンマン　シャット　ハー
後に　2012年10月9日に　殺し屋が　撃ちました 彼女を

on a school bus.
アナ　スクール　バス
スクールバスで

〈make ~ ...〉「~を…（の状態）にする」の文。~にあたるのがthe Taliban「タリバン」，…にあたるのがvery angry「とても怒った」。Thatはマララが自分のブログにみじめな生活について書いたことをさしている。

Check （解答例）

・タリバンがマララさんの町にやってきてから，彼女の生活はどのように変わりましたか。

　自由がなくなり，学校に自由に行くことができなくなった。

・マララさんはどこにいるときに撃たれましたか。

　スクールバス

Guess （解答例）

・女子生徒が学校に行くときに，本をショールの下に隠したのはなぜですか。

　学校に行くことをタリバンに知られないようにするため　など

単語・語句 **QR**

❸□ Swat Valley [スワット ヴァリィ] 名 (the をつけて)スワート渓谷(パキスタン)

□ northern [ノーザン] 形 北の，北部地方の

□ Pakistan [パキスタン] 名 パキスタン

□ Taliban [タリバン] 名 タリバン(イスラム教過激派組織)

□ group [グループ] 名 集団，一団

□ freedom [フリーダム] 名 自由

□ freely [フリーリィ] 副 自由に

□ hide [ハイド] 動 隠す

□ shawl(s) [ショール(ズ)] 名 ショール，肩かけ

❹□ miserable [ミズラブル] 形 みじめな

□ blog [ブラグ] 名 ブログ(ウェブ上の日記のようなもの)

教科書 p.103

5
❶ The attack on Malala became big news throughout the world. ❷ Immediately she was taken to a hospital in the U.K. and recovered miraculously. ❸ After that, her voice was stronger than ever. ❹ "We raised our voices for the rights of education.

〈be動詞＋過去分詞〉の形。過去のことを述べている。

タリバンに撃たれて奇跡的に回復したことをさしている。

本文の意味

5 ❶マララへの攻撃は世界の至るところで大きなニュースになりました。❷ただちにイギリスの病院へ運ばれ，奇跡的に回復しました。❸そのあとで，彼女の声はこれまでよりも強くなりました。❹「私たちは教育を受ける権利を求めて声を上げました。❺全世界が沈黙するなら，そのときにはたった1つの声でさえ力強いものになります。」とマララは言いました。

6 ❻2014年に，マララにノーベル平和賞が授与されました。❼その賞を受賞した史上最年少者になりました。

150

❺ (フ)**ウェン** ザ **ホウル** ワールド イズ **サイラント** ゼン イーヴァン ワン
When the whole world is silent, then even one
世界全体が沈黙しているとき そのとき 1つの声でさえ

ヴォイス ビカムズ パウアフル セッド マラーラ
voice becomes powerful," said Malala.
力強くなります 言いました マララは

❻ **❻** イン フォー**ティーン** ザ ノウベル ピース プライズ ワズ アウォーディド
In 2014, the Nobel Peace Prize was awarded
2014年に ノーベル平和賞が 授与されました

トゥー マラーラ シー ビケイム ザ ヤンゲスト パースン
to Malala. **❼ She became the youngest person**
マララに 彼女は もっとも若い人になりました

イン ヒストゥリィ トゥー リ**スィーヴ** ザ プライズ
in history to receive the prize.
歴史上 受けとった その賞を

> 〈to＋動詞の原形〉の形で，the youngest person「もっとも若い人」を修飾している。

Check 解答例

・her voice was stronger than ever（本文❸）とはどのような意味ですか。

　今までよりも強く意見を主張するようになった。

・silent（本文❺）は具体的にどのような状況のことでしょうか。

　教育の権利を求める声明に対して，何もしない状態。

Guess 解答例

・マララさんはどのようにしてイギリスに運ばれたと思いますか。

　飛行機で運ばれた　など

単語・語句 'QR

❺□ immediately ［イミーディアットリィ］副
　ただちに，すぐに

□ recover(ed) ［リカヴァ（ド）］動 回復する

□ miraculously ［ミラキュラスリィ］副 奇跡
　的に

□ silent ［**サ**イラント］形 沈黙した，静かな

❻□ Nobel Peace Prize ［ノウベル ピース プラ
　イズ］名 (theをつけて)ノーベル平和賞

〈can (never) be＋過去分詞〉の形。canがあるので，be動詞は原形のbeになっている。

QR **7**

❶ イン ハー スピーチ マラーラ セッド ア ウォー キャン ネヴァ
In her speech, Malala said, "A war can never
彼女のスピーチで マララは 言いました 戦争は 決して終わらせる

ビー エンディド バイ ア ウォー インステッド アヴ センディング ガンズ
be ended by a war." **❷** "Instead of sending guns,
ことはできません 戦争によって 銃を送る代わりに

センド ペンズ インステッド アヴ センディング タンクス センド ブックス
send pens. **❸** Instead of sending tanks, send books.
ペンを送ってください 戦車を送る代わりに 本を送ってください

インステッド アヴ センディング ソウルヂャズ センド ティーチャズ
❹ Instead of sending soldiers, send teachers."
兵士を送る代わりに 教師を送ってください

8

マラーラ カンティニュード トゥー スピーク アウト
❺ Malala continued to speak out:
マララは 続けました 率直に意見を述べることを

本文の意味

7 **❶**スピーチで，マララは「戦争は，決して戦争によって終わらせることはできません。」と言いました。**❷**「銃を送る代わりに，ペンを送ってください。**❸**戦車を送る代わりに，本を送ってください。**❹**兵士を送る代わりに，教師を送ってください。」

8 **❺**マララは率直に意見を述べ続けました。**❻**「今日，私たちに夢を見させてください。**❼**光り輝く将来の夢を。**❽**そこでは，すべての少女とすべての少年が学校に通っています。**❾**私たちが未来になるのです，そして今，私たちに未来を作らせてください，そして私たちに，今日の夢を明日の現実にさせてください。」

❻ レット アス ドゥリーム タディ
"Let us dream today.
私たちに夢を見させてください 今日

❼ ア ドゥリーム アヴ ア ブライト
A dream of a bright
光り輝く将来の夢を

フューチャ
future.
　　　　　ゼア エヴリィ ガール アンド エヴリィ ボイ アー ゴウイング
❽ There every girl and every boy are going
　　　　　そこでは すべての少女とすべての少年が 学校に通っています

トゥー スクール ウィー アー ゴウイング トゥー ビー ザ フューチャ アンド
to school. ❾ We are going to be the future and
　　　　　私たちが 未来になるのです そして

レット アス メイク アウア フューチャ ナウ アンド レット アス メイク
let us make our future now, and let us make
私たちに作らせて 私たちの未来を 今 そして 私たちにさせてください
ください

タデイズ ドゥリームズ タモロウズ リアラティ
today's dreams tomorrow's reality."
今日の夢を 明日の現実という状態に

〈let＋人など＋動詞の原形〉「〜に…させてやる」の形で，命令文になっている。

a bright future「光り輝く将来」の世界のことをさしている。

〈make 〜 …〉「〜 を …（の状態）にする」の形。〜 にあたるのが，today's dreams「今日の夢」，…にあたるのが tomorrow's reality「明日の現実」。

◯ Check ◯ （解答例）

・マララさんが描く将来の夢とはどのようなものですか。

　どの子ども（少年・少女）も学校に行くこと

・マララさんは未来に向けて，聴衆にどのようなことを呼びかけていますか。

　未来を作りましょう。

　今日の夢を明日の現実にしましょう。

単語・語句 'QR

❼ □ gun(s) [**ガン**（ズ）] 名 銃

　□ tank(s) [**タンク**（ス）] 名 戦車

　□ soldier(s) [**ソ**ウルヂャ（ズ）] 名 兵士，軍人

❽ □ reality [リ**ア**ラティ] 名 現実

　□ *speak out* 率直に意見を述べる

3rd Stage ▶▶

1. 次の文を読み，本文の内容と合っていれば○，違っていれば×を書きましょう。

① At the U.N., Malala talked about the importance of education.　　　　（　○　）

　国際連合で，マララは教育の重要性について話しました。

② After Malala was shot, she was treated in a hospital in the U.S.　　　（　×　）

　マララは撃たれたあと，アメリカ合衆国の病院で治療されました。

③ Under the Taliban's control, people could enjoy freedom.　　　　　　（　×　）

　タリバンの支配下で，人々は自由を楽しむことができました。

④ Malala was the youngest person to receive the Nobel Peace Prize.

　マララはノーベル平和賞を受けとった最年少者でした。　　　　　　　　（　○　）

⑤ Malala believes that a war is an effective way to end a war.　　　　　（　×　）

　マララは，戦争は戦争を終わらせる効果的な方法だと信じています。

2. 本文の内容と合うように，下から適切な語を選び，必要があれば正しい形にかえて空所に書きましょう。

　　A girl named Malala Yousafzai was born in 1997 in the Swat Valley, Pakistan. After a Taliban group came to her town, people had to live a ①miserable life there. They were not free to get an ②education, but Malala was not ③afraid. She kept writing about the life in her town in her blog. Because of that, she was almost ④killed on a school bus, but many people worked hard to ⑤save her life.

　　Ever since, she has expressed her opinions throughout the world. She became the youngest person to ⑥receive the Nobel Peace Prize in 2014. Her dream is to make today's dream tomorrow's ⑦reality.

> afraid / education / kill / miserable / reality / receive / save

● 英文の訳 ●

　マララ・ユスフザイと名づけられた女の子が，1997年にパキスタンのスワート渓谷で生まれました。タリバンの一団が彼女の町にやってきたあと，人々はそこで①みじめな生活を送らなければなりませんでした。彼らは自由に②教育を受けることができませんでしたが，マララは③恐れませんでした。彼女は自分のブログに自分の町での生活について書き続けました。そのために，彼女はもう少しでスクールバスで④殺されるところでしたが，多くの人々が彼女の命を⑤救うためにいっしょうけんめい働きました。

　それ以来ずっと，彼女は世界の至るところで自分の意見を述べてきました。2014年，彼女はノーベル平和賞を⑥受けとった最年少者になりました。彼女の夢は，今日の夢を明日の⑦現実にすることです。

（単語・語句はp.157へ）

1 英文と訳

School Trip to Hiroshima 広島への修学旅行

My favorite memory of junior high school was our school trip to Hiroshima. The three days I spent there were meaningful because I learned a lot. Especially, at the Hiroshima Peace Memorial Park, I learned about the importance of world peace.　　　　　　　　　　　　　*Mao*

私のいちばんよい中学校の思い出は，広島への修学旅行でした。私は多くのことを学んだので，そこで過ごした3日間は意味のあるものでした。特に，広島平和記念公園で，私は世界平和の重要性について学びました。　　　真央

Work Experience in a Supermarket スーパーマーケットでの職場体験

I helped at a supermarket for our work experience program. When I was learning how to put goods on the shelf, I dropped a pack of eggs on the floor. The staff members were very kind and did not blame me. I'll never forget their kindness, and it's my favorite memory.　　*Daniel*

ぼくは職場体験プログラムで，あるスーパーマーケットで手伝いをしました。商品をたなに置く方法を習っているとき，ぼくはたまごを1パック，床の上に落としてしまいました。スタッフの人たちはとても親切で，ぼくを責めませんでした。ぼくは彼らの親切を決して忘れません，そしてそれがぼくのいちばんよい思い出です。　　ダニエル

Chorus Contest 合唱コンクール

The chorus contest was my favorite memory. We practiced every day for about a month. At first, it was difficult for us to sing the different parts. However, we could sing well at the end. I will remember our beautiful harmony and our victory!　　　　　　　　　*Emily*

合唱コンクールが私のいちばんよい思い出でした。私たちは約1か月間，毎日練習しました。最初は，私たちにとって異なるパートを歌うのは難しかったです。でも，私たちは最後にはじょうずに歌うことができました。私は私たちの美しいハーモニーと私たちの勝利を忘れないでしょう！　　　　　　　　エミリー

Shogi Club 将棋部

These three years were so special! I was in the *shogi* club and practiced hard with other members every day. When I joined the club, I didn't know how to play *shogi* well. However, I learned how to play it! Now *shogi* is my hobby and my favorite memory of junior high school.

Ken

この3年間はとても特別でした！　ぼくは将棋部に入って，毎日ほかの部員たちといっしょうけんめいに練習しました。部に参加したとき，ぼくは将棋のやり方をよく知りませんでした。でも，ぼくはそれのやり方を習得しました！今，将棋はぼくの趣味で，ぼくの中学校のいちばんよい思い出です。　　　　　　　健

単語・語句 QR

（教科書p.106）

□ spent [スペント] 動 spend（過ごす）の過去形
《過去分詞形も同形》

□ meaningful [ミーニングフル] 形 意味のある

□ kindness [カインドネス] 名 親切，思いやり

（教科書p.107）

□ victory [ヴィクトゥリィ] 名 勝利

アーチャリィ
archery
アーチェリー

アーティスティック スウィミング
artistic swimming
アーティスティックスイミング

バドミントン
badminton
バドミントン

ベイスボール　ソーフトボール
baseball / softball
野球／ソフトボール

バスケットボール
basketball /
バスケットボール／

(フ)ウィールチェァ バスケットボール
wheelchair basketball
車いすバスケットボール

バチャ
boccia
ボッチャ

バクスィング
boxing
ボクシング

カヌー
canoe
カヌー

サイクリング
cycling
自転車競技

イクウェストゥリアン
equestrian
馬術

フェンスィング
fencing /
フェンシング／

(フ)ウィールチェァ フェンスィング
wheelchair fencing
車いすフェンシング

フットボール
football
サッカー

フットボール　ファイヴァサイド
football five-a-side
５人制サッカー

ゴウルボール
goalball
ゴールボール

ガルフ
golf
ゴルフ

ヂムナスティックス
gymnastics
体操

ハマァ　　スロウ
hammer throw
ハンマー投

ハンドボール
handball
ハンドボール

ハキィ
hockey
ホッケー

ジュードウ
judo
柔道

カラーテ
karate
空手

マダン　　ペンタスラン
modern pentathlon
近代五種

パウアリフティング
powerlifting
パワーリフティング

リズミック　　ヂムナスティックス
rhythmic gymnastics
新体操

ロウイング
rowing
ボート

ラグビィ　セヴァンズ
rugby sevens /
７人制ラグビー／

(フ)ウィールチェァ ラグビィ
wheelchair rugby
車いすラグビー

セイリング
sailing
セーリング

シューティング
shooting
射撃

スケイトボーディング
skateboarding
スケートボード

スポート　クライミング
sport climbing
スポーツクライミング

サーフィング
surfing
サーフィン

スウィミング
swimming
競泳

テイブル　テニス
table tennis
卓球

タイクワンドウ
taekwondo
テコンドー

テニス　　(フ)ウィールチェァ　テニス
tennis / wheelchair tennis
テニス／車いすテニス

トゥライアスラン
triathlon
トライアスロン

トゥリプル **チャンプ**
triple jump
三段跳

ヴァリボール
volleyball /
バレーボール／

ス**ィ**ティング **ヴァ**リボール
sitting volleyball
シッティングバレー
ボール

ウォー
タァ ポウロウ
water polo
水球

ウェイトリフティング
weightlifting
ウエイトリフティング

レスリング
wrestling
レスリング

● **やってみよう**

例文と訳

A: If you were an Olympic [Paralympic] athlete, what sport would you compete in?
　もしあなたがオリンピック[パラリンピック]選手だったら，何の競技に参加しますか。

B: I would compete in tennis.　私はテニスに参加します。

表現例

A: If you were an Olympic [Paralympic] athlete, what sport would you play?
　もしあなたがオリンピック[パラリンピック]選手だったら，何の競技をプレーしますか。

B: I would play rugby.　私はラグビーをします。

- -

(p.154より)

単語・語句 **QR**

□ control [カントゥ**ロ**ウル] 名 支配，統制

□ effective [イ**フェ**クティヴ] 形 効果的な，有効な

□ express(ed) [イクスプ**レ**ス(ト)] 動 言い表す，述べる

□ opinion(s) [ア**ピ**ニャン(ズ)] 名 意見

□ hometown [**ホ**ウムタウン] 名 故郷の町

□ *ever since*　それ以来ずっと

The Ig Nobel Prize

教科書 p.110～p.112

❶ Have you heard of the Ig Nobel Prize? ❷ It started in 1991 as a parody of the Nobel Prize. ❸ The awards go to "improbable research"; in other words, they celebrate the unusual studies in science. ❹ Those studies look silly at first, but they are all serious studies.

❺ Over the years, the Prize has become popular throughout the world.
❻ Surprisingly, Japanese scientists have been very successful in winning the awards. ❼ For example, in 2004, the Ig Nobel Peace Prize was given to Mr. Inoue Daisuke for inventing *karaoke*. ❽ Many other Japanese people have received the awards in the recent past. ❾ Actually, Japanese scientists have been winning the Ig Nobel Prize for more than 10 years in a row.

① When did the Ig Nobel Prize start?
　イグノーベル賞が始まったのはいつでしたか。

② What kind of research gets the Ig Nobel Prize?
　イグノーベル賞を受賞するのはどんな種類の研究ですか。

(解答例) ❶ It started in 1991.
　それは1991年に始まりました。

❷ "Improbable research" does.
　「奇抜な研究」です。

　本文の意味

❶あなたはイグノーベル賞について聞いたことがありますか。❷それはノーベル賞のパロディーとして，1991年に始まりました。❸その賞は「奇抜な研究」に贈られます，言いかえれば，科学におけるめずらしい研究を称えるのです。❹それらの研究は，最初はばかばかしく見えますが，全部まじめな研究なのです。

❺何年もかけて，その賞は世界の至るところで人気になりました。❻意外にも，日本人の科学者たちはとてもよくその賞を勝ちとってきました。❼たとえば，2004年に，イグノーベル賞はカラオケを発明したことで井上大佑さんに与えられました。❽最近は，ほかの多くの日本人がその賞を受賞しました。❾実際に，日本人の科学者は10年以上続けてイグノーベル賞を勝ちとっているのです。

（単語・語句はp.161へ）

❶ Every September, the award ceremony is held at Harvard University in the U.S. ❷ The winners receive the awards and make a speech in a big hall at the university. ❸ It is filled with scientists and students. ❹ They all love science. ❺ Afterwards, the audience sees scientific presentations by the winners.

❻ In 2016, two Japanese scientists won the prize. ❼ They made the following discovery: ❽Things look smaller when you bend over and view them between your legs. ❾ It is called *matanozoki* in Japanese.

❿ In the ceremony, one of the winners, Mr. Higashiyama made a short speech about his research. ⓫ Later, he made a demonstration of his study *matanozoki* by himself. ⓬ Then a group of Ig Nobel winners joined him and they all performed his study on the stage.

---

① What did the two Japanese scientists find?
　２人の日本人の科学者は何を発見しましたか。

② What did Mr. Higashiyama do after his speech?
　東山さんはスピーチのあとで何をしましたか。

  ❶Things look smaller when you bend over and view them between your legs [*matanozoki*].

　かがんで両足の間からものを見ると，それらは小さく見えるということ[またのぞき]です。

❷ He made a demonstration of his study *matanozoki* by himself.

　彼は自分自身で彼の研究である「またのぞき」を実演しました。

本文の意味

❶毎年９月に，授賞式がアメリカ合衆国のハーバード大学で開かれます。❷受賞者は大学の大ホールで賞を受けとり，スピーチをします。❸そのホールは科学者と学生でいっぱいになります。❹彼らはみんな科学を愛しています。❺その後，聴衆は受賞者による科学的なプレゼンテーションを見ます。

❻2016年，２人の日本人の科学者がその賞を受賞しました。❼彼らは次のような発見をしました。❽かがんで両足の間からものを見ると，それらは小さく見えます。❾それは日本語で「またのぞき」と呼ばれています。

❿授賞式で，受賞者の１人である東山さんは，研究について短いスピーチをしました。⓫そのあとで，彼は自分自身で彼の研究，すなわち「またのぞき」を実演しました。⓬それから，イグノーベル賞の受賞者の一団が彼に加わり，舞台の上でみんなで彼の研究を実演しました。

（単語・語句はp.161へ）

❶ At first, the discovery by the Japanese scientists may look silly. ❷ However, their study has something humorous and serious too. ❸ The Ig Nobel award group says, "This research makes people laugh and then think. ❹ We hope to increase people's curiosity. ❺ We also want to ask: what is important and what is not in science? ❻ How do you decide?"

❼ By the way, do you know how much money the scientists get by winning the award? ❽ Winners of the Nobel Prize receive 9 million Swedish krona. ❾ On the other hand, the Ig Nobel Prize winners receive no money. ❿ Instead, they just get 60 seconds to talk about their research.

① What does research for the Ig Nobel Prize make people do?
イグノーベル賞の研究は人々に何をさせますか。

② How much money do the Ig Nobel Prize winners receive?
イグノーベル賞の受賞者はお金をいくらもらいますか。

  ❶ It makes people laugh and then think.
それは人々を笑わせ, そのあとで考えさせます。

❷ They receive no money.
彼らはお金をまったくもらいません。

本文の意味

❶最初は, その日本人科学者による発見はばかばかしく見えるかもしれません。❷しかし, 彼らの研究はユーモラスなものであり, まじめなものでもあるのです。❸イグノーベル賞の団体は言います, 「この研究は人々を笑わせ, そのあとで考えさせます。❹私たちは人々の好奇心を強めることを望んでいます。❺さらに, 私たちはこうたずねたいのです, 科学において, 何が重要で, 何が重要でないのでしょうか。❻どうやって決めるのでしょうか。」

❼ところで, 科学者たちがその賞を勝ちとることによってどのくらいのお金を手に入れるか, 知っていますか。❽ノーベル賞の受賞者は900万スウェーデンクローナを受けとります。❾一方, イグノーベル賞の受賞者はまったくお金をもらいません。❿その代わりに, 彼らは自分たちの研究について話すための60秒を手に入れるだけなのです。

(単語・語句はp.161へ)

(p.158より)

単語・語句 'QR

- [ ] Ig Nobel Prize [**イ**グ ノウベル プ**ラ**イズ] 名 (theをつけて)イグノーベル賞
- [ ] parody [**パ**ラディ] 名 もじり，パロディー
- [ ] Nobel Prize [**ノ**ウベル プ**ラ**イズ] 名 (theをつけて)ノーベル賞
- [ ] improbable [インプ**ラ**バブル] 形 奇抜な，ありそうにもない
- [ ] silly [**ス**ィリィ] 形 ばかばかしい，ばかげた
- [ ] surprisingly [サプ**ラ**イズィングリィ] 副 驚いたことに，意外にも
- [ ] successful [サク**セ**スフル] 形 成功した
- [ ] given [**ギ**ヴァン] 動 give(与える)の過去分詞形
- [ ] recent [**リー**スント] 形 最近の
- [ ] past [**パ**スト] 名 過去，昔
- [ ] *in the recent past* 最近は

(p.159より)

単語・語句 'QR

- [ ] Harvard University [**ハー**ヴァード ユーナ**ヴァー**スィティ] 名 ハーバード大学(アメリカの大学)
- [ ] winner(s) [**ウィ**ナァ(ズ)] 名 受賞者
- [ ] hall [**ホー**ル] 名 ホール
- [ ] fill(ed) [**フィ**ル(ド)] 動 満たす
- [ ] afterwards [**ア**フタァワーヅ] 副 その後
- [ ] audience [**オー**ディアンス] 名 聴衆，観客
- [ ] scientific [サイアン**ティ**フィック] 形 科学の，科学的な
- [ ] presentation(s) [プレザン**テ**イション(ズ)] 名 (研究)発表，プレゼンテーション
- [ ] following [**ファ**ロウイング] 形 次の，下記の
- [ ] discovery [ディス**カ**ヴァリィ] 名 発見
- [ ] bend [**ベ**ンド] 動 体を曲げる
- [ ] demonstration [デマンストゥ**レ**イション] 名 実演，証明
- [ ] *bend over* かがむ

(p.160より)

単語・語句 'QR

- [ ] humorous [**ヒュー**ムラス] 形 ユーモラスな，おかしい
- [ ] increase [インク**リー**ス] 動 増やす，強める
- [ ] curiosity [キュリ**ア**サティ] 名 好奇心
- [ ] Swedish [ス**ウィー**ディッシュ] 形 スウェーデンの
- [ ] krona [ク**ロ**ウナ] 名 クローナ(スウェーデンの貨幣単位)

Library Lion

❶ One day, a lion came to the library. ❷ He walked right past the circulation desk and up into the stacks. ❸ Mr. McBee ran down to the head librarian's office. ❹ "Miss Merriweather!" he called. ❺ "No running," said Miss Merriweather, without looking up. ❻ "But there's a lion!" said Mr. McBee. ❼ "In the library!" ❽ "Is he breaking any rules?" asked Miss Merriweather. ❾ "Well, no," said Mr. McBee. ❿ "Then leave him be."

⓫ No one was sure what to do. ⓬ There weren't any rules about lions in the library. ⓭ Soon it was time for story hour. ⓮ The story lady seemed a little nervous. ⓯ But she read out the first book's title in a good, clear voice. ⓰ The lion looked up. ⓱ The story lady kept reading. ⓲ The lion stayed for the next story. ⓳ And the story after that. ⓴ He waited for another story, but the children began to walk away. ㉑ "Story hour is over," a little girl told him. ㉒ The lion looked at the children. ㉓ He looked at the story lady. ㉔ He looked at the closed books. ㉕ Then he roared very loud.

① Why did Miss Merriweather let the lion stay in the library?
   なぜメリーウェザーさんはライオンが図書館の中にいるのを許したのですか。

② Why are there no rules about lions in the library?
   なぜ図書館にはライオンについての規則がないのですか。

❶ Because he didn't break any rules.
   彼が規則を何も破っていなかったからです。

❷ Because no one thinks that a lion will visit the library.
   ライオンが図書館を訪れると思う人がいないからです。

本文の意味

❶ある日，1頭のライオンが図書館にやってきました。❷彼は貸し出しカウンターのすぐ横を通り過ぎ，書架に歩いていきました。❸マクビーさんは図書館長室へ走っていきました。❹「メリーウェザーさん！」と彼は呼びかけました。❺「走ってはいけません。」とメリーウェザーさんは顔も上げずに言いました。❻「だけど，ライオンがいるんですよ！」とマクビーさんは言いました。❼「図書館に！」　❽「彼は何か規則を破っているのですか。」とメリーウェザーさんは言いました。❾「いやその，いいえ。」とマクビーさんは言いました。❿「では彼をそのままにしておきなさい。」

⓫どうしたらいいのか，だれにもわかりませんでした。⓬図書館には，ライオンについての規則は何もありませんでした。⓭まもなく，お話の時間になりました。⓮お話のお姉さんは少し緊張しているように見えました。⓯しかし，彼女は1冊目の本の題名を，きれいなはっきりした声で読み上げました。⓰ライオンは見上げていました。⓱お話のお姉さんは読み続けました。⓲ライオンは次のお話の間もそこにいました。⓳そのまた次のお話も。⓴彼は次のお話を待ちましたが，子どもたちは帰り始めました。㉑「お話の時間はおしまいよ。」と小さな女の子が彼に言いました。㉒ライオンは子どもたちをじっと見ました。㉓お話のお姉さんをじっと見ました。㉔閉じられた本をじっと見ました。㉕それから，とても大きな声でほえました。

単語・語句 **'QR**

□ ※past［**パ**スト］副 通り過ぎて（→教科書p.110 名 過去，昔）

□ circulation desk［サーキュ**レ**イション デスク］名 貸し出しカウンター

□ stack(s)［ス**タ**ック(ス)］名 (通例複数形で)書架，書庫

□ McBee［マク**ビ**ー］名 マクビー(姓)

□ librarian［ライブ**レ**リアン］名 図書館員

□ Miss［ミス］名 ～さん(女性に対する敬称)

□ Merriweather［**メ**リウェザァ］名 メリーウェザー(姓)

□ lady［**レ**イディ］名 婦人

□ seem(ed)［**ス**ィーム(ド)］動 ～のように見える

□ title［**タ**イトゥル］名 題名

□ closed［ク**ロ**ウズド］形 閉じている

□ roar(ed)［**ロ**ー(ド)］動 ほえる

❶ Miss Merriweather came out of her office. ❷ "Who is making that noise?" she demanded. ❸ "It's the lion," said Mr. McBee. ❹ Miss Merriweather marched over to the lion. ❺ "If you cannot be quiet, you will have to leave," she said in a stern voice. ❻ "Those are the rules!" ❼ The little girl tugged on Miss Merriweather's dress. ❽ "If he promises to be quiet, can he come back for story hour tomorrow?" she asked. ❾ Miss Merriweather said, "Yes. ❿ A nice, quiet lion would certainly be allowed to come back for story hour tomorrow."

⓫ The next day, the lion came back. ⓬ "You are early," said Miss Merriweather. ⓭ "Story hour is not until three o'clock." ⓮ The lion did not budge. ⓯ "Very well," said Miss Merriweather. ⓰ "You might as well make yourself useful." ⓱ She sent him off to dust the encyclopedias until it was time for story hour. ⓲ Soon the lion began doing things without being asked. ⓳ He dusted the encyclopedias. ⓴ He licked the envelopes. ㉑ He let small children stand on his back to reach books on the highest shelves.

① What did Miss Merriweather want the lion to do if he wanted to stay?
メリーウェザーさんは，もしライオンがとどまりたいなら何をしてほしいと思いましたか。

② How did the lion help people in the library?
ライオンは図書館で人々をどのように手伝いましたか。

  ❶ She wanted him to be quiet.
彼女は彼に静かにしていてほしいと思いました。

❷ He dusted the encyclopedias. [He licked the envelopes. / He let small children stand on his back to reach books on the highest shelves.]
彼は百科事典のほこりを払いました。[彼は封筒をなめました。／彼は小さな子どもたちを自分の背中に立たせて，いちばん高いたなの本に届くようにしました。]

本文の意味

❶メリーウェザーさんが館長室から出てきました。❷「あの音を立てているのはだれですか。」と彼女は強くたずねました。❸「ライオンです。」とマクビーさんは言いました。❹メリーウェザーさんはライオンのほうへずんずん歩いていきました。❺「静かにできないのなら，出ていかなくてはなりませんよ。」と彼女は厳しい声で言いました。❻「それが規則です！」 ❼小さな女の子はメリーウェザーさんのドレスを引っぱりました。❽「静かにするって約束したら，ライオンさんは明日のお話の時間もまた来られる？」と彼女はたずねました。❾メリーウェザーさんは言いました，「ええ。❿お行儀のいい静かなライオンさんなら，もちろん明日のお話の時間にまた来てもいいですよ。」

⓫翌日，ライオンはまたやって来ました。⓬「まだ早いですよ。」とメリーウェザーさんは言いました。⓭「3時まではお話の時間になりませんよ。」 ⓮ライオンは少しも動きませんでした。⓯「しょうがないわね。」とメリーウェザーさんは言いました。⓰「お手伝いでもしてもらおうかしら。」⓱彼女は，お話の時間になるまで，彼を百科事典のほこりを払いにいかせました。⓲すぐに，ライオンは頼まれなくても仕事をするようになりました。⓳百科事典のほこりを払いました。⓴封筒をなめました。㉑小さな子どもたちを自分の背中に立たせて，いちばん高いたなの本に届くようにしました。

単語・語句 `QR`

□ demand(ed) ［ディマンド（ディマンディド）］
　動 強くたずねる
□ march(ed) ［マーチ（ト）］動 ずんずん歩く
□ stern ［スターン］形 厳しい，断固とした
□ tug(ged) ［タグ（ド）］動 引っぱる
□ ※dress ［ドゥレス］名 ドレス（→教科書p.40
　動 服を着る）
□ promise(s) ［プラミス（ィズ）］動 約束する
□ certainly ［サートンリィ］副 確かに，必ず
□ budge ［バッヂ］動 身動きする
□ might ［マイト］助 may（～してよい）の過去形

□ dust ［ダスト］動 ほこりを払う
□ encyclopedia(s) ［インサイクラピーディア
　（ズ）］名 百科事典
□ lick(ed) ［リック（ト）］動 なめる
□ envelope(s) ［エンヴァロウプ（ス）］名 封筒
□ *tug on* ～ 　～を引っぱる
□ *would be allowed to* ～ 　～することが許さ
　れるだろう
□ *might as well* ～ 　～するほうがよい
□ *send off* ～ 　～を送り出す
□ *without being asked* 　頼まれなくても

❶ At first, the people in the library were nervous about the lion. ❷ But soon they got used to having him around. ❸ His big feet were quiet on the library floor. ❹ He made a comfy backrest for the children at story hour. ❺ And he never roared in the library anymore. ❻ "What a helpful lion," people said. ❼ "How did we ever get along without him?" ❽ Mr. McBee scowled when he heard that. ❾ No lions were needed! ❿ Lions, he thought, could not understand rules. ⓫ They did not belong in the library.

⓬ One day, Miss Merriweather stepped up onto the step stool. ⓭ A book was just out of reach. ⓮ Miss Merriweather stood on her toes. ⓯ She stretched out her fingers. ⓰ "Almost… there…" she said. ⓱ Then Miss Merriweather stretched a little too far. ⓲ "Ouch," said Miss Merriweather softly. ⓳ She did not get up.

⓴ "Mr. McBee!" she called after a minute. ㉑ "Mr. McBee!" ㉒ But he could not hear her. ㉓ "Lion," said Miss Merriweather. ㉔ "Please go and get Mr. McBee." ㉕ The lion ran down the hall. ㉖ "No running," Miss Merriweather called after him.

---

① What happened to Miss Merriweather in the office?
館長室でメリーウェザーさんに何が起こりましたか。

② If you were Mr. McBee, how would you feel about the lion?
もしあなたがマクビーさんだったら，あなたはライオンについてどう思うでしょうか。

---

  ❶ She fell from the step stool.
彼女は踏み台から落ちました。

❷ If I were Mr. McBee, I would feel happy about the lion. など
もし私がマクビーさんなら，ライオンについてうれしく感じるでしょう。

本文の意味

❶はじめは，図書館にいる人たちはライオンを不安に思っていました。❷でもすぐに，ライオンがそばにいることに慣れました。❸ライオンの大きな足は図書館の床で音を立てませんでした。❹お話の時間には，子どもたちの心地よい背もたれになりました。❺それに，もう図書館では決してほえませんでした。❻「なんて役に立つライオンでしょう。」と人々は言いました。❼「彼がいなくて今までどうしてやってこられたのでしょう。」❽マクビーさんはそれを聞いて顔をしかめました。❾ライオンなんていらなかったんだ！　❿ライオンなんかに規則がわかるもんか，と彼は思いました。⓫図書館はやつらのいるところじゃない。

⓬ある日，メリーウェザーさんは踏み台の上にのぼりました。⓭１冊の本にぎりぎり手が届きませんでした。⓮メリーウェザーさんはつま先で立ちました。⓯彼女は指をいっぱいにのばしました。⓰「もうちょっとで…届きそう…。」と彼女は言いました。⓱そしてメリーウェザーさんは少し手をのばしすぎてしまったのでした。⓲「痛い。」とメリーウェザーさんは小さな声で言いました。⓳彼女は起き上がりませんでした。

⓴「マクビーさん！」と彼女は少したってから呼びかけました。㉑「マクビーさん！」　㉒でも彼には彼女の声が聞こえませんでした。㉓「ライオンさん。」とメリーウェザーさんは言いました。㉔「マクビーさんを呼んできてちょうだい。」　㉕ライオンはホールを駆けていきました。㉖「走っちゃだめよ。」とメリーウェザーさんはうしろから呼びかけました。

単語・語句 QR

□ feet [フィート] 名 foot（足）の複数形

□ foot [フット] 名 足

□ comfy [カンフィ] 形 心地よい

□ backrest [バックレスト] 名 背もたれ

□ anymore [エニモー] 副 （否定文で）これ以上

□ scowl(ed) [スカウル(ド)] 動 顔をしかめる

□ ※belong [ビローング] 動 （ふさわしい所に）いる[ある]（→教科書p.64 動 （～に）属する，一員である）

□ onto [アントゥー] 前 ～の上に

□ step stool [ステップ ストゥール] 名 踏み台

□ toe(s) [トウ(ズ)] 名 つま先，足の指

□ stretch(ed) [ストレッチ(ト)] 動 （手足などを）いっぱいにのばす

□ ouch [アウチ] 間 痛い，あいたっ

□ softly [ソーフトリィ] 副 優しく，穏やかに

□ *get used to ～ing*　～することに慣れる

□ *have him around*　彼が周囲にいる

□ *get along*　うまくやっていく

□ *call after ～*　うしろから～に呼びかける

❶ The lion put his big front paws up on the circulation desk and looked at Mr. McBee. **❷** "Go away, Lion," said Mr. McBee. **❸** "I'm busy." **❹** The lion whined. **❺** He pointed his nose down the hall toward Miss Merriweather's office. **❻** Mr. McBee ignored him.

❼ Finally, the lion did the only thing he could think of to do. **❽** He looked Mr. McBee right in the eye. **❾** Then he opened his mouth very wide. **❿** And he roared the loudest roar in his life.

⓫ "You're not being quiet!" Mr. McBee said to the lion. **⓬** "You're breaking the rules!" **⓭** Mr. McBee walked down the hall as fast as he could. **⓮** The lion did not follow him. **⓯** He knew what that meant.

⓰ Mr. McBee did not notice. **⓱** "Miss Merriweather!" he called as he walked. **⓲** "Miss Merriweather! **⓳** The lion broke the rules! **⓴** The lion broke the rules!" **㉑** He burst into Miss Merriweather's office.

---

① Why did the lion roar the loudest in his life?
ライオンが一生でいちばん大きな声でほえたのはなぜですか。

② What did breaking the rules mean for the lion?
ライオンにとって規則を破ることは何を意味しましたか。

---

  ❶ Because Mr. McBee ignored him. [Because he wanted to help Miss Merriweather.]

マクビーさんが彼を無視したからです。[彼はメリーウェザーさんを助けたかったからです。]
❷ It meant that the lion had to leave the library.

それはライオンが図書館を去らなければならないということを意味しました。

本文の意味

❶ライオンはその大きな前足を貸し出しカウンターの上に乗せ，マクビーさんをじっと見ました。❷「あっちへ行け，ライオン。」とマクビーさんは言いました。❸「おれは忙しいんだ。」 ❹ライオンは悲しそうに鳴きました。❺ホールの向こうの，メリーウェザーさんの部屋のほうを鼻で指しました。❻マクビーさんは彼を無視しました。

❼とうとう，ライオンは，彼に思いつくことができるたった1つのするべきことをしました。❽マクビーさんをまっすぐに見ました。❾それから口をとても大きく開けました。❿そして，一生でいちばん大きな声でほえました。

⓫「静かにしていないじゃないか！」とマクビーさんはライオンに言いました。⓬「おまえは規則を破っている！」 ⓭マクビーさんは全速力でホールを歩いていきました。⓮ライオンは彼を追いかけませんでした。⓯ライオンにはそれが何を意味するのかわかっていました。

⓰マクビーさんは気がつきませんでした。⓱「メリーウェザーさん！」と彼は歩きながら呼びました。⓲「メリーウェザーさん！ ⓳ライオンが規則を破りました！ ⓴ライオンが規則を破ったんです！」㉑彼はメリーウェザーさんの部屋に飛び込みました。

単語・語句 ᾿QR

□ paw(s)［ポー（ズ）］图（動物の）足
□ whine(d)［(フ)ワイン(ド)］動 悲しそうに鳴く
□ toward［トード］前 ～のほうへ
□ ignore(d)［イグノー(ド)］動 無視する
□ ※roar［ロー］图 ほえ声(→教科書p.113 動 ほえる)

□ meant［メント］動 mean(意味する)の過去形《過去分詞形も同形》
□ notice［ノウティス］動 気づく
□ burst［バースト］動 飛び込む
□ *look ～ right in the eye*　～を直視する
□ *as ～ as ... can*　…ができるだけ～
□ *burst into ～*　～に飛び込む

169

❶ She was not in her chair. ❷ "Miss Merriweather?" he asked. ❸ "Sometimes," said Miss Merriweather from the floor behind her desk, "there is a good reason to break the rules. ❹ Even in the library. ❺ Now please go call a doctor." ❻ Mr. McBee ran to call a doctor. ❼ "No running!" ❽ Miss Merriweather called after him.

❾ The next day, things were back to normal. ❿ Almost. ⓫ The lion did not come to the library that morning. ⓬ He did not come the next day, either. ⓭ Or the day after that.

⓮ "Can I do anything for you before I go, Miss Merriweather?" Mr. McBee asked her one evening. ⓯ "No, thank you," said Miss Merriweather. ⓰ Her voice was very quiet. ⓱ Even for the library. ⓲ Mr. McBee thought there probably was something he could do for Miss Merriweather, after all. ⓳ He left the library. ⓴ But he did not go home. ㉑ He walked around the neighborhood. ㉒ He looked under cars. ㉓ He looked behind bushes. ㉔ He looked in backyards and trash cans and tree houses. ㉕ Finally he circled all the way back to the library. ㉖ The lion was sitting outside, looking in through the glass doors.

---

① Why did Miss Merriweather say, "There is a good reason to break the rules"?
　メリーウェザーさんが「規則を破る正当な理由があります。」と言ったのはなぜですか。

② Why did Mr. McBee walk around the neighborhood?
　マクビーさんが近所を歩き回ったのはなぜですか。

---

  ❶ Because the lion broke the rules to help her.
　ライオンが彼女を助けるために規則を破ったからです。

❷ To look for the lion.
　ライオンをさがすためでした。

本文の意味

❶彼女はいすにすわっていませんでした。❷「メリーウェザーさん？」と彼はたずねました。❸「ときにはね」とメリーウェザーさんは机の陰の床の上から言いました，「規則を破る正当な理由があるのですよ。❹図書館でさえもね。❺さあ，お医者さまを呼びに行ってちょうだい。」 ❻マクビーさんは走って医者を呼びに行きました。❼「走っちゃだめよ！」 ❽メリーウェザーさんはうしろから呼びかけました。

❾その翌日，物事はいつもどおりにもどっていました。❿ほとんど。⓫その朝，ライオンは図書館にやってきませんでした。⓬彼はその次の日も来ませんでした。⓭その次の日も。

⓮「帰る前に何かしてさしあげることはありますか，メリーウェザーさん。」と，ある夜，マクビーさんは彼女に言いました。⓯「いいえ，結構です。」とメリーウェザーさんは言いました。⓰彼女の声はとても静かでした。⓱図書館であったとしても。⓲マクビーさんは，結局は自分にはメリーウェザーさんにしてあげられることがたぶんあるはずだと思いました。⓳彼は図書館を出ました。⓴しかし，家には帰りませんでした。㉑図書館の近くを歩き回りました。㉒車の下を見ました。㉓植え込みの陰を見ました。㉔裏庭をのぞき，ごみ入れをのぞき，樹上の家をのぞきました。㉕とうとう，彼はぐるっと回って図書館にもどってしまいました。㉖ライオンは外にすわって，ガラス戸の中を見ていました。

単語・語句 **QR**

- □ normal [ノーマル] 名 正常
- □ either [イーザァ] 副 (否定文で)〜もまた
- □ neighborhood [ネイバァフッド] 名 近所，近隣
- □ bush(es) [ブッシュ(ブッシィズ)] 名 低木のしげみ
- □ backyard(s) [バックヤード(バックヤーヅ)] 名 裏庭
- □ trash can(s) [トゥラッシュ カン(ズ)] 名 ごみ入れ
- □ tree house(s) [トゥリー ハウス(ィズ)] 名 (子どもが遊ぶ)樹上の家
- □ circle(d) [サークル(ド)] 動 一周する，回る
- □ glass [グラス] 名 ガラス
- □ *go call* ＝go and call
- □ *not 〜 either* 〜もない
- □ *after all* 結局は，最後には
- □ *sitting outside, looking in through 〜* 外にすわって〜の中を見ている

❶ "Hello, Lion," said Mr. McBee. ❷ The lion did not turn around. ❸ "I thought you might like to know," said Mr. McBee, "that there's a new rule at the library. ❹ No roaring allowed, unless you have a very good reason — say, if you're trying to help a hurt friend, for example." ❺ The lion turned around. ❻ But Mr. McBee was already walking away.

❼ The next day, Mr. McBee walked down the hall to Miss Merriweather's office. ❽ "What is it, Mr. McBee?" asked Miss Merriweather in her new, sad, quiet voice. ❾ "I thought you might like to know," said Mr. McBee, "that there's a lion. ❿ In the library."

⓫ Miss Merriweather jumped up from her chair and ran down the hall. ⓬ Mr. McBee smiled. ⓭ "No running!" he called after her. ⓮ Miss Merriweather didn't listen.

⓯ Sometimes there was a good reason to break the rules. ⓰ Even in the library.

Text Copyright©2006 Michelle Knudsen, Illustrations©2006 Kevin Hawkes, LIBRARY LION by Michelle Knudsen & illustrated by Kevin Hawkes, Reproduced by permission of Walker Books Ltd, London SE11 5HJ, www.walker.co.uk through Japan UNI Agency, Inc.

① What did Mr. McBee want to tell the lion?
マクビーさんはライオンに何を言いたかったのですか。

② What is the most important thing you learned from this story?
あなたがこの物語から学んだもっとも重要なことは何ですか。

  ❶ He wanted to tell the lion to come back to the library.
彼はライオンに，図書館にもどってくるように言いたかったのです。

❷ I learned that it is the most important to help friends. など
私は友だちを助けることがもっとも重要だということを学びました。

本文の意味

❶「よう，ライオン。」とマクビーさんは言いました。❷ライオンは振り向きませんでした。❸「知っておいたほうがいいと思ったんだが」とマクビーさんは言いました，「図書館に新しい規則ができてな。❹ほえるの禁止，ただし，十分正当な理由がある場合を除いて ― たとえば，けがをした友だちを助けようとしている場合，とかな。」 ❺ライオンは振り向きました。❻しかし，マクビーさんはもう歩いていってしまっていました。

❼その翌日，マクビーさんはホールを通ってメリーウェザーさんの部屋へ歩いていきました。❽「何か用ですか，マクビーさん。」とメリーウェザーさんは聞いたことのない悲しく静かな声でたずねました。❾「お知らせしておいたほうがいいと思ったのですが」とマクビーさんは言いました，「ライオンがいますよ。❿図書館に。」

⓫メリーウェザーさんはいすから飛び上がり，ホールを駆けていきました。⓬マクビーさんはほほえみました。⓭「走っちゃだめですよ！」と彼はうしろから呼びかけました。⓮メリーウェザーさんは聞いていませんでした。

⓯ときには，規則を破る正当な理由があったのです。⓰図書館でさえも。

単語・語句 QR

□ ※might［マイト］助 (ひょっとすると)〜かもしれない(→教科書p.114 助 may (〜してよい)の過去形)

□ unless［アンレス］接 もし〜でなければ

□ ※hurt［ハート］形 傷ついた，けがをした(→教科書p.80 動 傷つける)

□ *turn around* 振り向く

□ *might like to* 〜 〜しておいたほうがよいかもしれない

1 Scenes のまとめ　1年

※見出しの 1-1 などの数字は PROGRAM- セクションを表します。
※英語の意味がわかるようになったら左の□に，英語を見ないで対話が言えるようになったら右の□に ✔ をつけましょう。

□ **1-1**
A: Hi, Ami.　I'm Ben.
B: Sorry, I'm **not** Ami.
C: **I am** Ami.
A: Oh, **you are** Ami.

□ **1-1**
A: やあ，亜美。私はベンです。
B: すみません，私は亜美ではありません。
C: 私が亜美です。
A: ああ，あなたが亜美ですね。

□ **1-2**
A: **Are you** from the U.S.?
B: No, I'm not.
A: **Where** are you from?
B: I'm from New Zealand.

□ **1-2**
A: あなたはアメリカ合衆国出身ですか。
B: いいえ，違います。
A: あなたはどこの出身ですか。
B: 私はニュージーランドの出身です。

□ **2-1**
A: I **have** an apple for a snack.
B: Oh, ... I **don't like** apples.
B: I eat five **bananas** for a snack.

□ **2-1**
A: おやつにリンゴが 1 個あります。
B: まあ，私はリンゴが好きではありません。
B: 私はおやつにバナナを 5 本食べます。

□ **2-2**
A: **Do** you often **climb** mountains?
B: Yes, I **do**.
A: **When** do you climb?
B: On weekends.

□ **2-2**
A: あなたはよく山に登りますか。
B: はい，登ります。
A: あなたはいつ登りますか。
B: 週末です。

□ **アクションコーナー**
A: **Play** baseball.
B: **Don't** play baseball. (**Do not** play baseball.)

□ **アクションコーナー**
A: 野球をしなさい。
B: 野球をしてはいけません。

□ **3-1**
A: I **can** make *sushi*.
B: That's nice.　But I **can't** eat fish.
A: Really?
　　Then I can make *natto* rolls for you.

B: Thanks.

□ **3-1**
A: 私はすしを作ることができます。
B: それはすばらしい。でも私はさかなを食べられません。
A: ほんとうですか。
　　それなら私はあなたのために納豆巻きを作ることができます。
B: ありがとう。

□ **3-2**
A: **Can** you cook?
B: Yes, I **can**.
A: **What** can you make?
B: I can make *ramen*.

□ **3-2**
A: あなたは料理ができますか。
B: はい，できます。
A: 何を作ることができますか。
B: 私はラーメンを作ることができます。

4-1

A: **Is that** a bird?
B: No, **it isn't.** It's a drone.
A: A drone?
B: **This is** a drone.

4-2

A: **Who** is that woman?
B: **She** is an android, Chihira Aiko.
A: Wow! She is like a real person.
B: Yes. She can speak and smile.

POWER-UP 2

A: Kaho, **which** notebook is yours, the blue one or the light blue one?
B: The light blue one is.
A: **Whose** notebook is the other one?
B: It's Daisuke's. He's absent today.

5-1

A: Oh, this is good.
B: Yes.
My grandmother **makes** lunch for me.
A: She **cooks** very well.
B: Thanks. But she **doesn't** make breakfast.

5-2

A: **Does** your grandfather **make** breakfast?
B: Yes, he **does.**
He makes *onigiri* every morning.
A: What do you do for your family?

6-1

A: This is my friend Paul.
B: Oh, I know **him.**
A: He is Sue's brother.
B: Oh, Sue! I like **her.**

6-2

A: **Why** do you like Sue?
B: **Because** she is always kind to me.

A: She is kind to everybody.
B: Oh, ….

4-1

A: あれは鳥ですか。
B: いいえ，違います。あれはドローンです。
A: ドローンですか。
B: これがドローンです。

4-2

A: あの女の人はだれですか。
B: 彼女はアンドロイドの地平アイこです。
A: うわあ。彼女はまるで本物の人のようです。
B: はい。彼女は話すこともほほえむこともできます。

POWER-UP 2

A: 果歩，青色のノートと明るい青色のノートのどちらがあなたのですか。
B: 明るい青色のノートです。
A: もう一つのノートはだれのものですか。
B: それは大介のものです。彼は今日欠席です。

5-1

A: わあ，これはおいしいです。
B: はい。
私のおばあさんは私のために昼食を作ってくれます。
A: 彼女は料理がとてもじょうずですね。
B: ありがとう。でも彼女は朝食は作りません。

5-2

A: あなたのおじいさんは朝食を作りますか。

B: はい，作ります。
彼は毎朝おにぎりを作ってくれます。
A: あなたは家族のために何をしていますか。

6-1

A: この人は私の友だちのポールです。
B: まあ，私は彼を知っています。
A: 彼はスーのお兄さんです。
B: ああ，スーですね。私は彼女が好きです。

6-2

A: あなたはなぜスーが好きなのですか。
B: なぜなら彼女はいつも私に親切にしてくれるからです。
A: 彼女はだれにでも親切です。
B: ああ，…。

7-1

A: Ben, I'm very hungry.
B: Me too.
A: Oh, **there is** a *sushi* restaurant over there.

7-1

A: ベン，私はとてもお腹がすいています。
B: 私もです。
A: おや，むこうにおすし屋さんがありますね。

7-2

A: I'm full. But I want something sweet.

B: I know a new cake shop.
A: Wow! **How** can we go there?
B: By bus.

7-2

A: 私はお腹がいっぱいです。でも何か甘いものがほしいです。
B: 私は新しいケーキ屋さんを知っています。
A: わあ。私たちはどうやったらそこに行けますか。
B: バスで行けます。

8-1

A: Can you help me, Ben?
B: Sorry, I can't. **I'm studying** now.

A: How about you, Tom?
B: OK. I'm **not** doing anything now.

8-1

A: 私を手伝ってもらえますか，ベン。
B: すみませんができません。私は今，勉強しているところです。
A: あなたはどうですか，トム。
B: いいですよ。私は今は何もしていません。

8-2

A: **Are** you really **studying**, Ben?
B: Of course.
A: **What are** you **doing**?
B: I'm reading an important book.

8-2

A: あなたはほんとうに勉強しているところですか，ベン。
B: もちろんです。
A: あなたは何をしているのですか。
B: 私は大事な本を読んでいるところです。

9-1

A: Tell me about your weekend.
B: I **stayed** home and **watched** TV.
A: Oh, you're a couch potato.
B: No, I **worked** a little.
   I **cleaned** my room too.

9-1

A: 私にあなたの週末について教えてください。
B: 私は家にいてテレビを見ていました。
A: まあ，なまけ者ですね。
B: いいえ，私は少しは働きました。
   私は部屋の掃除もしました。

9-2

A: I **had** a good time yesterday.
B: Really?
A: I **ate** an ice cream bar and **won** another one.
B: How lucky!

9-2

A: 私は昨日，楽しい時を過ごしました。
B: ほんとうですか。
A: 私はアイスクリームを食べて，もう1本当たりました。
B: なんて幸運なんでしょう。

9-3

A: **Did** you **eat** two ice cream bars before dinner?
B: Yes, I **did**.
A: You ate too much.
B: Yes. So I **didn't** eat dessert last night.

9-3

A: あなたは夕食前にアイスクリームを2本食べたのですか。
B: はい，そうです。
A: あなたは食べ過ぎました。
B: はい。それで私は昨夜はデザートを食べませんでした。

□ **10-1**

A: Look. I **was** a student 30 years ago.

B: Oh, my. You **were** very cute.

A: You "were"?

B: Sorry. You are still cute.

□ **10-2**

A: I'm home.

B: How **was** your day? **Were** you busy?

A: No. I **wasn't** so busy today.

B: Good. Let's have dinner.

□ **10-3**

A: What **were** you **doing**, Ben?

B: I **was studying**, of course.

A: Really?

B: Sorry. I was sleeping.

□ **10-1**

A: ほら。私は 30 年前，生徒でした。

B: おやまあ。あなたはとてもかわいかったのですね。

A: 「かった」ですって。

B: ごめんなさい。あなたは今もかわいいです。

□ **10-2**

A: ただいま。

B: 一日どうでしたか。忙しかったですか。

A: いいえ。今日はそれほど忙しくありませんでした。

B: よかったですね。夕食にしましょう。

□ **10-3**

A: 何をしていたのですか，ベン。

B: 勉強していましたよ，もちろん。

A: ほんとうですか。

B: ごめんなさい。私は眠っていました。

1 Scenes のまとめ　2年

※見出しの 1-1 などの数字は PROGRAM- セクションを表します。
※英語の意味がわかるようになったら左の□に，英語を見ないで対話が言えるようになったら右の□に✓をつけましょう。

☐ **1-1**
A: You play the guitar well.
B: Thanks.　**I'm going to** have a concert with Joe next Sunday.
A: **Is** he **going to** sing?
B: Yes, he's a good singer.

☐ **1-1**
A: あなたはギターがじょうずですね。
B: ありがとう。私は今度の日曜日にジョーとコンサートを開く予定です。
A: 彼は歌う予定ですか。
B: はい，彼は歌がじょうずです。

☐ **1-2**
A: Ben, can you answer the phone?
B: OK.　I'll answer it.
　　Mom!　Can I go to Joe's house?
A: OK, but it'll rain in the evening.
　　Take an umbrella with you.

☐ **1-2**
A: ベン，電話に出てもらえますか。
B: いいですよ。私が出ましょう。
　　おかあさん。ジョーの家に行ってもいいですか。
A: いいですよ，でも夕方に雨が降るでしょう。
　　かさを持っていきなさい。

☐ **1-3**
A: I called you this morning.
B: Sorry.　**When** you called me, I was in the yard.
A: **If** you're free today, can you come to our concert?
B: Oh, sure.

☐ **1-3**
A: 私は今朝あなたに電話しました。
B: すみません。あなたが電話をくれたとき，私は庭にいました。
A: もし今日ひまならば，私たちのコンサートに来てくれますか。
B: まあ，もちろんです。

☐ **2-1**
A: Let's go hiking at five tomorrow morning.
B: I **think (that)** it's too early.
A: Don't worry.　I'll call you.
B: I don't **think** I'll hear the phone.

☐ **2-1**
A: 明日の朝 5 時にハイキングに行きましょう。

B: それは早すぎると思います。
A: 心配しないでください。私が電話しますよ。
B: 私は電話の音が聞こえないと思います。

☐ **2-2**
A: There's some garbage here.
B: Oh, no!　We **must** pick it up.
A: Look!　This flower is beautiful.
B: Uh-oh, you **mustn't** pick it.

☐ **2-2**
A: ここにごみがあります。
B: なんてことでしょう。拾わなければいけません。
A: 見て。この花はきれいです。
B: あっと，それをつんではいけません。

☐ **2-3**
A: It's going to rain.
B: We **have to** hurry.
A: We **don't have to**.　I have an umbrella with me.
B: I think it's too small for us.

☐ **2-3**
A: 雨が降りそうです。
B: 急がなければなりません。
A: その必要はありません。私はかさを持っています。
B: それは私たちには小さすぎると思います。

□ **3-1**

A: Are you in the dance club?

B: Yes. I like hip-hop dance.

A: I want **to see** your performance.

B: Sure!

□ **3-2**

A: Your dance steps are great!

B: Thanks. I **enjoy dancing** every day.

A: We have a math quiz today.

B: Please **stop talking** about it.

□ **3-3**

A: I'll go to New York **to study** dance.

B: Ah, will you be a Broadway dancer?

A: Yes. I have a lot of things **to do**.

B: Go for it.

□ **4-1**

A: Which cup should we buy for Mom?

B: The gray one is **cuter than** the yellow one.

A: But it's **more expensive than** the yellow one.

B: No problem. Let's get the gray one.

□ **4-2**

A: I hate the rain. I feel June is **the longest** month of the year.

B: I think it's **the most wonderful** month.

A: Why?

B: Because of that. A rainbow!

□ **4-3**

A: Tomorrow is Mom's birthday.

B: I hope she'll like our present.

A: I think this cup is **as big as** hers.

B: It's **not as** heavy **as** hers.

□ **3-1**

A: あなたはダンス部に入っているのですか。

B: はい。私はヒップホップダンスが好きです。

A: あなたが踊るところを見たいですね。

B: いいですよ。

□ **3-2**

A: あなたのダンスのステップはすばらしいです。

B: ありがとう。私は毎日踊ることを楽しんでいます。

A: 今日は数学のテストがありますね。

B: その話をするのはやめてください。

□ **3-3**

A: 私はダンスを勉強しにニューヨークに行くつもりです。

B: ああ，ブロードウェイのダンサーになるつもりですか。

A: はい。私にはすることがたくさんあります。

B: がんばってください。

□ **4-1**

A: おかあさんにはどのカップを買いましょうか。

B: 灰色のカップは黄色のカップよりかわいいですね。

A: でも，それは黄色のカップより高いですね。

B: 問題ありません。灰色のカップを買いましょう。

□ **4-2**

A: 雨はきらいです。6月は1年でいちばん長い月だと感じます。

B: 私はいちばんすばらしい月だと思います。

A: なぜですか。

B: あれのためです。虹ですよ。

□ **4-3**

A: 明日はおかあさんの誕生日ですね。

B: 彼女が私たちの贈り物を気に入ってくれるといいですね。

A: このカップは彼女のカップと同じくらいの大きさだと思います。

B: それは彼女のカップほど重くありません。

☐**5-1**
A: You're really good at *kendama*.
B: Thank you.
A: I don't know **how to do** it.
B: It's easy. Do you want to try it?

☐**5-2**
A: P.E. was so hard today.
B: You **look** tired. What did you do?

A: We ran 1,500 meters. I got first place.
B: You'll **become** a good athlete.

☐**5-3**
A: How was the math quiz?
B: It was easy! I'll **show** *you* **my score**.
A: Great. Give me five!
B: Thank you.

☐**6-1**
A: This chocolate tastes good.
B: I think fresh cream **is used**.
A: Now I see. It's **made** in Hokkaido.
B: Mmm. Yummy.

☐**6-2**
A: Kinkakuji Temple looks so nice!
B: It **was built by** Ashikaga Yoshimitsu.
A: **Was** Ginkakuji Temple **built by** him too?
B: No. It was built by Ashikaga Yoshimasa.

☐**6-3**
A: The houses in Shirakawago are beautiful.
B: Yes. Shirakawago **is known to** people around the world.
A: All the houses **are covered with** snow.
B: They are beautiful at night too.

☐**5-1**
A: あなたはけん玉がほんとうにじょうずですね。
B: ありがとう。
A: 私にはけん玉の仕方がわかりません。
B: かんたんですよ。やってみたいですか。

☐**5-2**
A: 今日は体育の授業がとてもきつかったです。
B: あなたは疲れているように見えます。何をしたのですか。
A: 私たちは 1,500 メートル走りました。私は 1 位でした。
B: あなたはすばらしいアスリートになるでしょう。

☐**5-3**
A: 数学のテストはどうでしたか。
B: かんたんでした。私の点数を見せましょう。
A: すごい。ハイタッチしましょう。
B: ありがとう。

☐**6-1**
A: このチョコレートはおいしいですね。
B: 生クリームが使われていると思います。
A: なるほど。北海道で作られているのですね。
B: うーん。おいしい。

☐**6-2**
A: 金閣寺はとてもすばらしく見えます。
B: それは足利義満によって建てられました。
A: 銀閣寺も彼によって建てられたのですか。
B: いいえ。それは足利義政によって建てられました。

☐**6-3**
A: 白川郷の家々は美しいです。
B: はい。白川郷は世界じゅうの人々に知られています。
A: すべての家々が雪でおおわれています。
B: 夜も美しいですよ。

□**7-1**
A: Do you know this new mystery novel?
B: I've *already* **read** it. The ending is ….
A: Stop! I've *just* **started** reading it!
B: Sorry, Dad.

□**7-2**
A: **Have you taken** a bath *yet*?
B: No, I **haven't**.
A: You should go to bed early for tomorrow's trip.
B: Oh, no! I **haven't packed** my bags *yet*!

□**7-3**
A: I've *never* **seen** Mt. Fuji.
B: You'll see it very soon.
A: I see it! **Have you** *ever* **climbed** Mt. Fuji?
B: Yes. I've **climbed** it *twice*.

□**8-1**
A: Wow, you can do *judo*.
B: Yes. I've **practiced** it *since* I was ten.
A: **How long have** you **been** a black belt?
B: For one month. I'm very happy now.

□**8-2**
A: I think Ami forgot about our meeting.
B: She'll come soon.
A: We've **been waiting** for half an hour.
B: Oh, look! That's Ami.

□**7-1**
A: あなたはこの新しい推理小説を知っていますか。
B: 私はもう読みました。結末は…。

A: やめてください。私は読み始めたばかりです。
B: ごめんなさい，おとうさん。

□**7-2**
A: あなたはもうお風呂に入りましたか。
B: いいえ，まだです。
A: 明日の旅行に備えて早く寝たほうがいいですよ。

B: ああ，どうしましょう。まだ荷物をまとめていません。

□**7-3**
A: 私は富士山を見たことがありません。
B: すぐに見えますよ。
A: 見えました。あなたは富士山に登ったことがありますか。
B: はい。2 回登ったことがあります。

□**8-1**
A: うわあ，あなたは柔道ができるのですね。
B: はい。私は 10 歳から練習しています。

A: 黒帯をつけてどのくらいになりますか。

B: 1 か月です。私は今，とても幸せです。

□**8-2**
A: 亜美は今日の集まりを忘れてしまったのだと思います。
B: 彼女はまもなく来るでしょう。
A: 私たちは 30 分待っています。

B: ほら，見てください。あれは亜美です。

1 Scenes のまとめ　3年

※見出しの 1-1 などの数字は PROGRAM- セクションを表します。
※英語の意味がわかるようになったら左の□に，英語を見ないで対話が言えるようになったら右の□に✔をつけましょう。

□ **1-1**

A: Do we have English homework today?

B: Yes.　Mr. Oka **told** *us* **to write** a speech.

A: Ben!　Please help me!

B: OK.　Let's do it together.

□ **1-1**

A: 今日は英語の宿題がありますか。

B: はい。岡先生がスピーチを書くように言っていました。

A: ベン。手伝ってください。

B: わかりました。いっしょにやりましょう。

□ **1-2**

A: How can I learn Japanese?

B: You should read Japanese books.

A: **It's** difficult **for** me **to read** *kanji*.

B: Don't worry!　I'll give you a helpful book.

□ **1-2**

A: どうしたら日本語が覚えられますか。

B: 日本語の本を読むべきです。

A: 私には漢字を読むのが難しいのです。

B: 心配いりません。私が役に立つ本をあげましょう。

□ **1-3**

A: Hello, Ben.　Do you want to do something together next Sunday?

B: Yes!　How about a picnic?

A: **I'm afraid that** it will rain.

B: Why don't we go to a movie, then?

□ **1-3**

A: もしもし，ベン。次の日曜日にいっしょに何かしませんか。

B: いいですね。ピクニックはどうですか。

A: 雨が降らないか心配です。

B: それでは映画を見に行きましょうか。

□ **2-1**

A: Have you seen my key, Ami?

B: No.　Have you lost it?

A: Yes.　I can't remember **where I put it.**

B: You studied at the library this afternoon, right?

□ **2-1**

A: 私のかぎを見ましたか，亜美。

B: いいえ。なくしたのですか。

A: はい。どこに置いたのか思い出せないのです。

B: 今日の午後，図書館で勉強していましたよね。

□ **2-2**

A: Hi, Sue.　I'm looking for my key.

B: Your key?　Ms. Hara may know something.

A: Really?　Can you **tell** *me* **where she is?**

B: She's over there.

□ **2-2**

A: やあ，スー。私はかぎをさがしています。

B: あなたのかぎですか。原先生が何か知っているかもしれません。

A: ほんとうですか。彼女がどこにいるか私に教えてもらえますか。

B: 彼女ならあそこにいます。

□ **2-3**

A: Ms. Hara, have you seen a key?

B: Well, Mr. Ito found one.

A: What was it like?

B: He **told** *me* **that** it had a red bell.

□ **2-3**

A: 原先生，かぎを見ませんでしたか。

B: ええと，伊藤先生が見つけましたよ。

A: それはどのようでしたか。

B: 彼は赤い鈴がついていると言っていました。

□ **3-1**

A: Hi, are you a new student? I'm Ami.

B: Hi, Ami.   Yes, I'm new.   I'm Alexander.

A: Excuse me?

B: Alexander. Please **call** *me* **Alex**.

□ **3-2**

A: Ami, wake up!

B: Oh, I fell asleep.

A: Why are you so sleepy?

B: The warm weather **makes** *me* **sleepy**.

□ **3-3**

A: I'm so tired today.

B: You should get more rest.

A: Yes. I'll go to bed early tonight.

B: Hot milk **makes** *you* **sleep** well.

□ **4-1**

A: This is a photo of my high school days.

B: Oh, where are you?

A: I'm sitting next to *the boy* **wearing a red cap**.

B: Is this you? No kidding!

□ **4-2**

A: I like your shirt, Grandpa.

B: Thanks.   This is *a shirt* **made in Italy**.

A: Really? When did you buy it?

B: Well, 50 years ago.

□ **5-1**

A: Look.   I think I've met that woman before.

B: Which woman are you talking about?

A: I mean *the woman* **who** has long hair.

B: She's Lisa, Joe's sister.

□ **3-1**

A: こんにちは，あなたが新入生ですか。私は亜美です。

B: こんにちは，亜美。そうです，私が新入生です。私はアレクサンダーと言います。

A: もう一度言ってください。

B: アレクサンダーです。アレックスと呼んでください。

□ **3-2**

A: 亜美，起きなさい。

B: まあ，眠りこんでしまいました。

A: なぜそんなに眠いのですか。

B: 暖かい天気のせいで眠いのです。

□ **3-3**

A: 私は今日，とても疲れました。

B: もっと休むべきです。

A: はい。今夜は早く寝るつもりです。

B: 温かい牛乳を飲めばぐっすり眠れますよ。

□ **4-1**

A: これは私の高校時代の写真です。

B: まあ，あなたはどこにいますか。

A: 赤い帽子をかぶっている男の子の隣に座っています。

B: これがあなたなのですか。冗談でしょう。

□ **4-2**

A: 私はそのシャツが好きです，おじいちゃん。

B: ありがとう。これはイタリア製のシャツです。

A: ほんとうですか。いつそれを買ったのですか。

B: ええと，50 年前です。

□ **5-1**

A: 見て。私はあの女の人に以前会ったことがあると思います。

B: どちらの女の人のことを言っているのですか。

A: 長い髪の女の人のことです。

B: 彼女はリサで，ジョーのお姉さんです。

☐ **5-2**

A: Oh, there are lions!

B: They look very strong.

Sign: Lion Lions are *large animals* **which** belong to the cat family. Only the male has long hair around its neck.

A and B: I see.

☐ **5-2**

A: わあ，ライオンがいますね。

B: とても強そうです。

標示：**ライオン** ライオンはネコ科に属する大きな動物です。オスだけが首のまわりに長いたてがみがあります。

A and B: なるほど。

☐ **5-3**

A: Have you seen this movie?

B: No. What kind of movie is it?

A: It's *a movie* **that** has many romantic scenes.

B: Really? I'd like to see it with Joe.

☐ **5-3**

A: あなたはこの映画を見たことがありますか。

B: いいえ。それはどんな映画ですか。

A: それはロマンチックな場面の多い映画です。

B: ほんとうですか。私はジョーと見に行きたいです。

☐ **6-1**

A: I've finally arrived. It was a long flight.

B: Welcome to Washington, D.C.

A: I want to see a lot of things here.

B: Here is *a plan* **which** my father made for you.

☐ **6-1**

A: やっと着きました。長いフライトでした。

B: ワシントンDCへようこそ。

A: ここではたくさんのものを見たいです。

B: ここに私の父があなたのために作った計画があります。

☐ **6-2**

A: There are many trees along the river.

B: They are *the cherry trees* **that** Japan gave to Washington, D.C. in 1912.

A: Really?

B: We enjoy the cherry blossoms here in spring.

☐ **6-2**

A: 川沿いにたくさんの木がありますね。

B: それらは1912年に日本がワシントンDCに贈った桜の木です。

A: ほんとうですか。

B: 私たちは春になるとここで桜の花を楽しみます。

☐ **6-3**

A: There are many museums around here.

B: *The museum* **I like the best** is near here.

A: I want to go there!

B: Then, let's go!

☐ **6-3**

A: この辺にはたくさんの美術館がありますね。

B: 私がいちばん好きな美術館はこの近くにあります。

A: そこに行きたいです。

B: それでは行きましょう。

☐ **7-1**

A: There are too many things here!

B: I have to clean up this room.

A: **If I were** you, **I would** ask someone to help.

B: Can you help me?

☐ **7-1**

A: ここにはずいぶんたくさんのものがありますね。

B: 私はこの部屋をきれいにしなければいけません。

A: もし私があなただったら，だれかに手伝ってもらうように頼むでしょう。

B: 手伝ってもらえますか。

184

□**7-2**

A: I'm tired. Can we have a break?

B: Yes. We have been working hard.

A: I want something to eat.

B: **If I had** some snacks, I **would** feel better.

□**7-3**

A: Look. Something bright is flying in the sky!

B: What? Where is it?

A: Is that a UFO? I **wish** I **had** a camera with me.

B: I don't see anything. You must be tired.

□**7-2**

A: 私は疲れました。休みませんか。

B: はい。私たちはずっと働き続けています。

A: 私は何か食べるものがほしいです。

B: もしおやつがあれば，私は元気が出るでしょうに。

□**7-3**

A: 見て。何か輝くものが空を飛んでいます。

B: 何ですって。それはどこですか。

A: あれは UFO ですか。カメラを持っていればなあ。

B: 私には何も見えません。あなたは疲れているにちがいありません。

3 Body Parts

ヘッド
head
頭

フェイス
face
顔

ネック
neck
首

スロウト
throat
のど

ショウルダァ
shoulder
肩

アーム
arm
腕

エルボゥ
elbow
ひじ

リスト
wrist
手首

ハンド
hand
手

チェスト
chest
胸

バック
back
背中

スタマック
stomach
おなか

ネイヴァル
navel
へそ

ヒップ
hip
腰回り

レッグ
leg
脚

サイ
thigh
太もも

ニー
knee
ひざ

シン
shin
すね

キャフ
calf
ふくらはぎ

アンクル
ankle
足首

フット
foot
足

ヒール
heel
かかと

トゥ
toe
足の指，つま先

ソウル
sole
足の裏

サム
thumb
親指

インデックス フィンガァ
index finger /
フォーフィンガァ
forefinger
人さし指

ミドゥル　フィンガァ
middle finger
中指

リング フィンガァ
ring finger
くすり指

リトゥル フィンガァ　ピンキィ
little finger / pinky
小指

パーム
palm
手のひら

ヘア
hair
髪

フォーヘッド
forehead
額

アイブラウ
eyebrow
まゆ毛

アイリッド
eyelid
まぶた

アイラッシュ
eyelash
まつげ

アイ
eye
目

イア
ear
耳

ノウズ
nose
鼻

チーク
cheek
ほほ

マウス
mouth
口

トゥース
tooth
歯

タング
tongue
舌

モゥル
mole
ほくろ

チン
chin
あご

●体の不調についての表現 ●●例文と訳●●

・I have a cold.　私は風邪をひいています。

・I have a headache.　私は頭痛がします。

・I have a toothache.　私は歯が痛いです。

・I'm bleeding.　私は血が出ています。

8 里山の風景

スカイ
sky
空

レインボウ
rainbow
虹

レイク
lake
湖

シップ
ship
船

ヴィレッヂ
village
村

シュライン
shrine
神社

ヴァリィ
valley
谷

ウッヅ
woods
林

オーチャド
orchard
果樹園

パンド
pond
池

ロウド
road
道路

ライス フィールド
rice field
田んぼ

リヴァ
river
川

バンク
bank
堤(防)

マウントン
mountain
山

フォーレスト
forest
森

ヒル
hill
丘

ファーム
farm
農園

ボウト
boat
ボート

プレイグラウンド
playground
運動場

テンプル
temple
寺

9 部活動

アー ユー アン ザ テニス ティーム   アー ユー インズィ アート クラブ   イェス アイ アム   ノウ アイム ナット
● **Are you on the tennis team? / Are you in the art club? —— Yes, I am. / No, I'm not.**
あなたはテニス部に入っていますか。／あなたは美術部に入っていますか。   ——はい，入っています。／いいえ，入っていません。

ベイスボール ティーム
baseball team
野球部

ソーフトボール ティーム
softball team
ソフトボール部

ケンドウ ティーム
kendo team
剣道部

ジュードウ ティーム
judo team
柔道部

テイブル テニス ティーム
table tennis team
卓球部

サカァ ティーム
soccer team
サッカー部

スウィミング ティーム
swimming team
水泳部

バスケットボール ティーム
basketball team
バスケットボール部

テニス ティーム
tennis team
テニス部

バドミントン ティーム
badminton team
バドミントン部

ヴァリボール ティーム
volleyball team
バレーボール部

トゥラック アンド フィールド ティーム
track and field team
陸上部

ハンドボール ティーム
handball team
ハンドボール部

コーラス
chorus
合唱部

ブラス バンド
brass band
吹奏楽部

カンピュータァ クラブ
computer club
コンピュータ部

ドゥラーマ クラブ
drama club
演劇部

サイアンス クラブ
science club
科学部

アート クラブ
art club
美術部

カリグラフィ クラブ
calligraphy club
書道部

ブロードキャスティング クラブ
broadcasting club
放送部

ティー セラモウニィ クラブ
tea ceremony club
茶道部

クッキング クラブ
cooking club
料理部

ニューズペイパァ クラブ
newspaper club
新聞部

フラウア アレインヂマント クラブ
flower arrangement club
華道部

イングリシュ クラブ
English club
英語部

MEMO

MEMO

MEMO